세계의 빈곤, 게을러서 가난한 게 아니야!

김현주 글 | 권송이 그림

사□계절

★ 차례

머리말 · 6

1. 빈곤이란 무엇일까요?

−세계의 빈곤한 사람들 · 12
−빈곤은 단지 돈이 없는 것만을 의미하지 않아요 · 14
−인간으로 태어났다면 당연히 누려야 할 권리 · 16
−상대적 빈곤으로 더 가난해진 사람들 · 17

2. 세상은 더 불평등해졌어요

−나라 사이에서도 빈익빈 부익부 현상이 일어나요 · 22
−가슴을 맞대고 풀어야 할 세계 빈곤 문제 · 25

3. 가난한 이유는 따로 있어요

−가난에 대한 오해 · 30
−정부와 사회의 역할이 중요해요 · 31

4. 세계의 빈곤에 대해 잘못 알려진 사실들

−편견은 가난한 사람들에게 독이 돼요 · 40
−남반구 나라가 가난한 진짜 이유는 따로 있어요 · 44

5. 세계의 빈곤, 역사적인 이유

−식민 지배 역사가 기아를 낳았어요 · 48
−노예 무역이 남긴 깊은 상처 · 51
−현재까지 이어지는 불행 · 53

6. 세계의 빈곤, 현대의 이유

−독립, 그 이후 일그러진 세계화 바람 · 60
−신자유주의의 진짜 모습 · 63
−세계화와 가난한 나라, 가난한 사람들 · 65
−싼 티셔츠 뒤에 숨겨진 어두운 진실 · 67

7. 세계의 빈곤과 식량 문제

- 진흙 쿠키를 먹게 된 아이티 아이들 · 74
- 가난은 아이티 사람들 탓이 아니에요 · 77
- 곡물 가격을 농민이 결정할 수 없어요 · 80

8. 세계의 굶주림을 해결하려면

- 식량 원조는 입맛도 좌우해요 · 86
- 식량은 상품이 아니라 권리예요 · 89
- 선진국의 가격 장난과 바이오 연료 정책 · 92

9. 국제사회가 함께 힘을 모아야 해요

- 개발 원조는 필요해요 · 98
- 좋은 원조와 나쁜 원조가 있어요 · 100
- 개발 원조를 넘어 공정한 규칙이 필요해요 · 104
- 우리 공동의 미래를 위해 협력해요 · 106

10. 가난한 사람에겐 더 많은 권리가 필요해요

- 물고기 잡을 권리를 주세요 · 112
- 농사지을 권리를 주세요 · 113

11. 기부 물품 보내기가 오히려 피해를 줄 수 있어요

- 무턱대고 도와주는 건 오히려 피해가 돼요 · 120

12. 내가 할 수 있는 일

- 제대로 알아야 진짜 도움을 줄 수 있어요 · 128
- 제대로 알고 작은 일부터 시작해요 · 129
- 정당하고 올바른 여행을 해요 · 132
- 가장 가난한 사람들이 가장 먼저예요 · 134

머리말

안녕하세요, 여러분.

　세상에는 모든 사람이 충분히 먹을 만한 식량이 있는데 인류의 절반은 굶주림을 겪는다거나, 설사나 폐렴같이 쉽게 치료할 수 있는 질병으로 5초마다 한 명의 아이들이 세상을 떠난다는 이야기를 한 번쯤 들어 봤지요? 또 세계 곳곳에서 벌어지는 재해와 분쟁 소식이 끊이지 않고요. 에볼라 바이러스가 강타한 시에라리온, 엄청난 지진을 겪은 네팔, 그리고 20년이 넘도록 심각한 가뭄에 시달리는 에티오피아까지 세상은 하루도 어려움 없는 날이 없어요. 가난한 사람일수록 재난으로 인한 고통을 더 크게 겪는다는 사실은 알고 있지요? 돈이 없어 허름한 집에 살고, 간단한 약을 구하기도 어려운 가난한 사람들일수록 재난이 일어났을 때 대처하고 피해를 극복할 수 있는 형편이 안 되니 고통이 더 클 수밖에 없어요.

　세계의 빈곤에 대해 생각하면 작은 도움이라도 주고 싶은 마음이 불끈 솟지요. 굶주림을 겪는 아이에게 따뜻한 끼니를 전하고 싶고, 바다에 빠져 허우적거리는 사람들의 손을 잡아 주고도 싶어요. 한편으로는 고개가 갸웃거려지기도 할 거예요. 세상은 예전보다 더 살기 좋아졌다는데 어째서 빈곤은 없어지지 않는지 궁금증이 생겨요. 인터넷 상점에서 주문을 하면 하루 만에 집으로 물건이 배달되는 세상인데, 아프리카의 한 마을에서는 꼭 필요한 약을 구하지 못해 사람이 죽는다니요.

　이 책을 읽는 여러분이라면 세계의 빈곤을 없애는 데 도움이 되고 싶은 마음을 갖고 있을 거예요. 그러기 위해서는 무엇이 필요할까요? 가장 먼저 필요한 것은 관심을 갖고 질문을 던지는 일이에요. 빈곤을 없앨 해결책을 묻기 전에 왜 세계의 빈곤이 해결되지 않는지, 왜 어떤 사람들은 점점 부자가 되는 반면에 어떤 사람들은 점점 더 힘든 삶을 살게 되는지를 먼저 물어야겠지요. 짝꿍 친구가 아플 때 바로 여러분이 하는 것처럼요. 짝꿍이 아프다는데 대뜸 어느 병원에 가서 어떤 주사를 맞으라고 권하는 친구들은 없지요? 우선은 어디가 어떻게 아픈지, 기분은 어떤지, 혹시 도와줄 것이 있는지를 묻겠지요.

 세계의 빈곤에 대해서도 마찬가지예요. 더 많은 기부, 첨단 과학기술, 무역의 확대와 같은 해결책을 급히 찾기에 앞서, 지금 우리가 사는 세상이 어떤 모습인지를 먼저 들여다봐야 해요. 세계의 빈곤을 제대로 이해해야 비로소 빈곤 문제를 우리의 문제로 끌어안게 될 테니까요.

 자, 이제 세계의 빈곤에 대해 질문을 던지고 함께 답을 찾는 짧은 여행을 떠날게요. 이것 한 가지만 기억하세요! 가장 좋은 질문은 어른들이 여러분을 대신해서 묻는 질문이 아니라, 여러분 스스로가 자기의 입장에서 끌어낸 질문이에요. 그리고 좋은 질문은 함께하려는 마음에서 나와요. 세계의 빈곤에 대해서도 마찬가지이지요. 가난하고 비참하게 살아가는 사람들에게 동정심을 갖기 전에 세계의 빈곤에 대해 묻는 것이 왜 더 중요한지를 헤아려 보세요.

 세계의 빈곤에 대해 묻는다는 것은 여러분이 살아가는 지금 세상이 어떤 모습인지에 대해 묻는 것과 같아요. 또 앞으로 여러분이 주인이 되어 살아갈 세상이 어떤 모습이어야 하는지에 대한 질문이기도 하고요. 이 책에서 만날 세계 곳곳의 친구들, 아프리카 케냐의 사무엘과 남아시아 네팔의 샨티, 북아메리카 아이티의 임마누엘 등과 여러분이 모두 함께 행복할 수 있는 세상을 마음에 품는 여행이 되길 바랄게요.

 자, 이제 여행을 떠나 볼까요?

2016년 봄, 김현주

1. 빈곤이란 무엇일까요?

세계로 가는 국제 뉴스

여러분, '빈곤' 하면 무슨 생각이 먼저 떠오릅니까? 가난한 나라에서 태어나 배가 고파도 먹지 못하고 아파도 병원에 가지 못하는 친구들 이야기를 들어 본 적 있을 겁니다. 실제로 빈곤한 상황에 처해 있는 친구들의 이야기를 들어 볼까요?

내 이름은 사무엘이야. 아프리카 케냐의 시골 마을에 살아. 내가 사는 동네에서 물을 구하려면 강가까지 가야 해. 날마다 새벽같이 일어나 새벽 별을 보고 식구들이 하루 동안 쓸 물을 길어 오는 일이 내 담당이야. 서너 시간을 일하고 학교에 가면 너무 피곤해서 졸음이 올 때가 많아. 어떤 날은 선생님 목소리가 하나도 들리지 않을 때도 있어.

나는 알룬이고, 라오스에 살아. 엄마 배 속에 동생이 있다는 소식을 들었을 때 기쁘지만은 않았어. 동네에 병원이 없어서 엄마가 동생을 낳다가 돌아가실지도 모르니까. 멀리 있는 병원에 가려면 돈이 필요한데, 우리 집은 그럴 형편이 안 되거든. 엄마는 나처럼 동생도 건강하게 태어날 거라고 하시지만, 동생을 낳다가 엄마가 돌아가실까 봐 두려워!

나는 인도에 사는 제이야. 사람들은 우리같이 가난한 마을에 사는 사람들을 '무식쟁이에 게으름뱅이, 범죄자'라고 생각한대. 오히려 불공평한 대우를 받고 편견에 시달리느라 힘들고 괴로운 건 우리인데 말이지.
우리는 화장실이 없는 집에 사는데도 밤이 되면 무서운 일을 당할까 봐 공중화장실을 이용할 엄두도 못 내거든.

앵커 브리핑

여러분은 모두 다섯 살 생일이 지났지요? 가족과 친구에게 선물을 받고 생일잔치도 했을 거예요. 그런데 지구촌 저편에는 다섯 살 생일을 맞는 것이 예삿일이 아닌 친구들이 있습니다. 바로 사하라 사막 남쪽의 아프리카와 남아시아에서는 다섯 살이 채 안 된 아이들이 영양실조나 폐렴, 설사같이 쉽게 예방할 수 있고 치료도 할 수 있는 질병으로 세상을 떠납니다. 놀랍고 무서운 일이지요. 5초에 한 명이 목숨을 잃는다니 그 수가 얼마나 많은지 짐작되지요? 이렇게 많은 어린이들에게 도대체 무슨 일이 벌어지고 있는 걸까요?

세계의 빈곤한 사람들

아이들은 놀기 위해 세상에 왔다는 말이 있어요. 친구들과 대화하고 뛰어놀기 좋아하는 여러분의 마음을 딱 이야기해 주지요. 어린이는 어린이다울 권리가 있는데, 놀이는 어린이가 누릴 수 있는 가장 큰 특권이에요.

여러분은 학교와 학원을 오가느라 바쁘지만, 가난한 나라 친구들은 일하느라 바빠서 놀 시간이 없어요. 세계의 지붕인 히말라야 산맥에 자리한 네팔에 사는 열한 살 소녀 루빠도 하루 종일 바쁘고 고단해요. 루빠는 집이 가난해서 네 살 때부터 채석장에 나가 일을 했어요. 루빠네 가족 모두가 종일 손이 부르트도록 돌을 깨면 하루 2,500원 정도 버는데, 그 돈으로는 끼니를 때우기조차 어려워서 학교에 다니는 건 생각할 수도 없어요.

전 세계에 이처럼 어렵게 지내는 친구들이 얼마나 있을까요? 세계에는 70억 명의 사람들이 살고 있어요. 그런데 여기서는 계산하기 쉽도록 세계의 인구를 딱 100명이라고 가정해 봐요. 그 100명 가운데 20명은 영양실조에 시달리고 있고, 17명은 깨끗한 물을 마실 수 없으며, 14명은 글을 읽을 줄 몰라요. 전기가 없어 밤이면 어둠 속에서 지내야 하는 사람도 24명이나 돼요. 이들 대부분이 개발도상국이라 불리는 나라에서 살아요. 반면에 100명 가운데 15명은 비만이 걱정이지요. 주로 미국, 유럽, 일본 등 선진국에 사는 사람들이에요. 또 100

세계 인구가 100명이라면

100명 가운데 14명 문맹

100명 가운데 20명 영양실조

100명 가운데 15명 비만

100명 가운데 24명 전기 부족

100명 가운데 17명 깨끗한 물 부족

명 가운데 단 6명이 세계 부의 60퍼센트를 차지하고 있다고 하니 비교가 되지요. 누구도 자기가 살게 될 나라를 골라서 태어날 수 없다는 점을 생각하면 참 불공평해요.

빈곤은 단지 돈이 없는 것만을 의미하지 않아요

빈곤은 단지 먹을 것이 부족하거나 돈이 없거나 학교와 병원이 멀거나 해서 겪는 불편함과 어려움만을 뜻하지는 않아요. 소득이 부족한 것뿐만 아니라 인간이면 누구나 누려야 할 권리를 제대로 보장받지 못하는 것, 그로 인한 차별과 소외도 모두 빈곤에 처한 거예요.

우리는 대개 멋진 이름이 있고 출생 등록도 되어 있지요? 아이가 태어나 이름을 짓고 나면 부모님은 가장 먼저 동사무소에 가서 아이

전 세계 어린이의 출생신고 비율
유니세프, 2013년

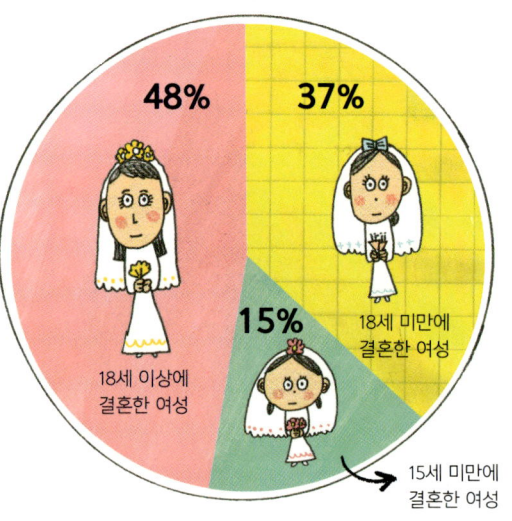

전 세계 여성의 평균 결혼 연령
유니세프, 2014년

*조혼 통계는 이미 결혼한 기혼 여성을 대상으로 몇 살에 결혼했는지를 물어 조사하는 방식이다.

가 태어났음을 알리는 출생 등록을 해요. 한 나라의 시민으로 당당하게 살아갈 권리를 얻는 셈이지요. 이렇게 등록을 해야 병원에 갈 수도 있고, 취학 통지서를 받아 학교에 다닐 수도 있어요. 은행에 가서 통장을 만들고 저금을 하기 위해서도, 여권을 만들어 외국 여행을 가기 위해서도 이 등록이 꼭 필요해요. 출생 등록이 되어 있어야 어른이 되어서는 결혼도 하고 운전 면허증도 가질 수 있지요.

그런데 전 세계 5세 미만 어린이 3명 가운데 1명은 출생 등록조차 되어 있지 않아요. 부모님이 글을 모르거나 너무 가난해서, 또 아이가 태어난 그 나라가 자연재해나 전쟁에 휩싸여 있는 등의 이유로, 실제로는 존재하는데 서류상에는 나타나지 않는 '보이지 않는 아이들'이 돼요.

한편 출생 등록을 해서 교육받을 권리가 있는데도 학교에 다니기 어려운 경우도 있어요. 네팔에서 태어난 여자아이 프리티는 법적으로 교육받을 권리가 있지만 실제로 학교에 다니기는 어려워요. 이른 아침부터 물을 길어 오고 어린 동생들을 돌봐야 하는 데다 학교가 너무 멀거든요. 어렵게 학교에 갔는데 선생님이 여학생이라고 차별하기도 하고, 여자 화장실이 따로 없어서 하루 종일 화장실 가는 걸 참아야 해요. 게다가 네팔에서는 사회적으로 '여자아이들은 학교에 보내 가르쳐 봐야 소용이 없다.'는 편견이 널리 퍼져 있어요. 이런 사정 때문에 네팔에서는 많은 여자아이들이 공부를 다 마치기도 전에 학교를 그만둬요. 그리고 아주 어린 나이에 결혼하는 경우도 10명 가운데 5명이나 될 정도로 흔해요.

결국 교육받을 권리가 있는 것도 중요하지만, 그 권리를 실현하려면 많은 노력과 자원이 필요해요. 가깝고 안전한 곳에 학교가 있어야 하고, 여자아이도 당연히 교육을 받아야 한다고 여기는 사회 분위기도 중요해요.

인간으로 태어났다면 당연히 누려야 할 권리

이제 빈곤이 단지 돈이 부족해서 생기는 것만은 아니라는 사실을 이해했지요? 가난한 사람들은 단지 먹을 것을 사고 약을 살 돈이 없어서 어렵고 불편한 게 아니에요. 그보다 인권을 제대로 누릴 수 없어 힘들지요.

인권은 성별, 나이, 국적, 종교, 인종에 상관없이 모든 사람이 인간답게 살아갈 권리를 말해요. 1948년 전 세계 사람들이 모여서 만든 세계 인권 선언에 그 내용이 잘 담겨 있어요. 세계 인권 선언은 우리 모두는 태어날 때부터 자유롭고 평등하며, 안전하고 행복하게 살아갈 권리가 있다고 밝히고 있어요. 인간은 세상 어디에서 태어났든 누구나 교육을 받을 수 있어야 하고, 병에 걸리면 적절한 치료를 받아야 하고, 안전한 환경에서 마음 놓고 일할 수 있어야 한다는 거예요.

가난한 사람들이 원하는 것도 땀 흘려 일한 대가를 정당히 받고 건

강하게 살아가는 것, 바로 기본적인 인권이 실현되는 공정한 사회에서 사는 것이지요.

이는 몇몇 부자들이 내는 기부금이나 자선 단체의 도움만으로는 세계의 빈곤을 해결할 수 없다는 뜻이기도 해요. 무슨 말이냐고요? 인권은 자선이나 기부와 달리 국제 인권법에 바탕을 두고 권리와 의무가 쌍으로 엮여 있어요. 우리 모두에게는 다른 사람의 인권을 존중할 책임이 있고, 국가는 모든 사람의 인권을 보호하고 실현할 의무가 있다는 뜻이지요. 가난한 사람들이 자선이나 기부처럼 자신들에게 직접 도움을 주는 사람의 결정에만 의존하는 게 아니라, 국가와 국제사회에 빈곤을 없애도록 요구할 수 있는 힘의 근거도 바로 여기에서 나와요.

상대적 빈곤으로 더 가난해진 사람들

그런데 예전보다 살기 좋아졌다는 지금, 스스로를 가난하다고 여기는 사람들은 더욱 많아졌다는 사실을 알고 있나요?

스웨덴의 유명한 언어학자이자 사회 운동가인 헬레나 노르베리 호지는 인도 라다크 지역에 1975년부터 16년 동안 머물면서 마을 사람들이 점차 변해 가는 모습을 관찰했어요. 호지가 처음 라다크에 갔을 때 그 마을에는 '빈곤'이란 말이 없었어요. 물질적으로야 지금보다 부족했겠지만 사람들에게 "이 마을에서 가난한 집이 어디입니까?" 하고 물으면 "우리 마을에는 가난한 집이 없어요."라고 대답했어요.

함께 농사를 짓고 같이 아이를 키우니까 돈이 많이 필요하지도 않았고, 그런 삶에 다 함께 만족하며 살고 있었거든요. 그런데 유럽에서 온 관광객들이 늘면서 사람들의 대답이 달라졌어요. 외국인 관광객 한 사람이 라다크 사람 한 명이 일 년 동안 쓸 돈을 단 하룻밤 만에 쓰는 모습을 보고 놀랐던 거지요. 그때부터 라다크 사람들은 땀 흘려 일해서 돈을 벌기보다는 관광객에게 푼돈을 얻어 쓰려 했고, 그러면서 스스로 가난하다고 생각하게 되었어요. 전통문화를 가꾸며 높은 자부심을 갖고 살던 사람들의 마음이 작아진 거예요. 이처럼 빈곤은 사람들이 자신의 삶을 얼마나 행복하다고 느끼는지와도 밀접한 관계가 있어요.

2. 세상은 더 불평등해졌어요

다트 놀이 재미있었죠? 이 놀이를 한 이유는 여러분과 이 지구 위 수많은 나라의 모습을 좀 더 살펴보기 위해서예요. 여러분이 꽂은 나라에서 여러분이 태어난다고 상상해 보는 것이지요. 여기 영국이나 핀란드에 다트가 꽂힌 친구들은 깨끗한 병원에서 태어나 원하면 대학교까지 무료로 다닐 수도 있어요.

반면에 시에라리온이나 방글라데시에서 태어났다면, 태어나면서부터 목숨이 위태로울 수 있죠. 엄마가 잘 먹지 못해 모유가 잘 안 나오니 아기 때부터 굶을 수도 있어요. 또 내전이나 전쟁이 벌어져 집과 가족을 잃을 수도 있죠. 몸이 아파도 병원에 가지 못할 수도 있고요. 게다가 교육을 받지 못할 가능성도 크죠. 같은 지구 상에 이렇게 다른 나라들이 있다니, 참 놀랍죠?

난 핀란드, 휘바~
난 영국 뽑았는데!
난 방글라……

그런데요, 선생님, 우리가 태어날 나라를 우리 스스로 고를 수는 없잖아요!

딩동댕~♪

네

그러니 룰렛에 모든 사람이 다 행복하게 살 수 있는 나라만 있으면 좋겠지요?

나라 사이에서도 빈익빈 부익부 현상이 일어나요

전 세계의 부가 늘어나도 시에라리온처럼 가난한 나라는 여전히 남아 있어요. 어떤 나라는 오히려 더 가난해지기도 하고요. 유엔은 1971년부터 '최빈국'을 파악하고 있어요. 최빈국은 교육 수준, 기대 수명, 경제 발전 정도로 봤을 때 지구 상에서 가장 가난한 나라들이에요. 전 세계 48개국이 이에 속하지요. 최빈국에서는 사람들 대부분이 하루에 2천 원도 안 되는 돈으로 살아야 하고, 학교나 보건소에 가기도 어려워요.

최빈국과 부유한 나라의 1인당 국내총생산 차이 비율
유엔무역개발회의. 2015년

그런데 유엔의 한 기관이 조사해 보니 최빈국과 부유한 나라 사이에 부의 차이가 점점 더 커지고 있다고 해요. 이는 국내총생산(GDP)을 비교해 보면 알 수 있어요. 국내총생산은 일정 기간 동안 한 나라에서 생산된 모든 재화와 서비스의 합을 뜻해요. 어떤 나라 사람들이 얼마만큼 잘사는지는 국내총생산을 전체 국민 수로 나눠서 비교해 보면 알 수 있어요. 이를 '1인당 국내총생산'이라고 하지요. 최빈국과 부유한 나라의 1인당 국내총생산은 차이가 얼마나 날까요? 1970년에는 최빈국과 부유한 나라의 1인당 국내총생산의 차이가 1:50 정도였어요. 그런데 지금은 그 차이가 거의 1:85로 커졌어요. 나라와 나라 사이에서도 빈익빈 부익부 현상이 더 심해진 거지요.

한편 부자 나라에서 태어났어도 가난할 수 있어요. 2011년 미국에서는 어린이 5명 가운데 1명이 빈곤 상태에 있다는 충격적인 조사 결과가 나왔어요. 미국이라는 나라는 지난 20년 동안 점점 더 부유한 나라가 된 반면, 그 사이 아동 빈곤 비율은 18퍼센트나 늘어났어요. 미국에 살지만 가난한 아이들은 제때 밥을 먹지 못하고 아파도 의료 보험이 없어서 병원에 가지 못해요. 미국에서도 특히 흑인들이 많이 사는 테네시 주 멤피스 시에서는 5세 미만 아이들이 1,000명당 15명 꼴로 목숨을 잃는다는 조사가 2007년도에 있었어요. 이는 북아프리카 튀니지의 16명, 남아시아 스리랑카의 12명, 남아메리카 페루의 18명과 비슷한 수준이에요. 이 나라들은 모두 미국 정부의 도움을 받는 나라들이고요. 그러니 미국 시민들이 꽤 큰 충격을 받았겠지요.

이런 일은 경제 성장이 한창인 인도에서도 똑같이 일어나요. 인도는 한때 가난하고 낙후된 나라로 알려졌지만, 지금은 정보 통신 기술이나 높은 의료 수준으로도 유명하지요. 그런데 인도는 지속적인 경제 성장을 이루고 있는데도 여전히 어린이 절반이 영양실조를 겪고 있어요. 이는 무엇보다 인도 사회의 뿌리 깊은 계급 차별 때문이에요. 인도에는 카스트라는 신분 제도가 수천 년 동안 이어져 내려오고 있어요. 사람들을 4개의 신분으로 나누고 지배 계급을 정한 것이지요.

인도에서는 이미 1947년에 카스트 제도를 폐지하고 차별을 금지했어요. 하지만 이것은 헌법상일 뿐 실제로 인도 사람들 마음에 깊이 뿌리박힌 카스트 사상은 여전히 많은 사람들의 삶을 지배하고 있어요. 특히 인도에서 가장 낮은 계층인 달리트(Dalit)는 여전히 가난과 굶주림에 시달리고 있어요. 달리트는 '억압받는 사람'이라는 뜻의 힌디 어예요. 카스트에도 속하지 못하는 다섯 번째 계급의 사람들, 곧 가장 낮은 계층의 사람들을 일컫지요. 이 사람들은 더럽다고 여겨져 다른 계급에 속한 사람과 손을 잡거나 대화를 나눌 수도, 같은 화장실이나 우물을 쓸 수도 없어요. 인도 북부 우타르 프라데시 주는 주민 대부분이 달리트예요. 2011년 인도에서 일본뇌염이 발생했을 때 목숨을 잃은 어린이 대부분이 이 지역 어린이들이었어요. 이 지역의 달리트 아이들은 평소에도 심각한 영양실조를 겪고 있어서 일본뇌염

바이러스를 이겨 낼 저항력이 아주 낮았던 탓이지요.

가슴을 맞대고 풀어야 할 세계 빈곤 문제

세계 최고 부자 나라인 미국에도 가난한 사람들이 있고, 빠르게 성장하는 인도에도 여전히 굶주리는 사람이 있다는 사실이 놀랍고도 안타까워요. 우리는 보통 경제 사정이 좋아지면 다 같이 평등하고 여유롭게 살 수 있으리라 생각하지만, 꼭 그렇지만은 않아요. 다 같이 나누어 먹을 파이가 아무리 커져도 목소리가 크고 힘이 센 친구가 혼

자서만 큰 조각을 차지하려고 한다면, 모두에게 비슷한 크기의 파이가 돌아가기 어렵잖아요. 마찬가지로 경제 성장으로 세계가 부유해지는 것도 중요하지만 실제로 부자와 가난한 사람, 흑인과 백인, 높은 계급과 낮은 계급에 속한 사람들이 그 부를 얼마나 고르게 나누어 갖느냐가 더 중요한 문제이지요. 이런 것을 불평등 또는 양극화의 문제라고 합니다. 빈곤과 더불어 세상 모든 사람이 가슴을 맞대고 풀어야 할 중요한 숙제이지요.

3. 가난한 이유는 따로 있어요

네팔 소녀 샨티의 하루

누구에게나 한 치도 다르지 않게 똑같이 주어진 것이 있어요. 바로 시간이에요. 누구나 하루 24시간, 1년 365일을 살아요. 그러나 하루를 보내는 모습은 사는 곳이 어디인지에 따라서 크게 달라져요. 네팔은 히말라야 산맥을 끼고 있어 세계의 지붕이라고 불리는 나라예요. 멋진 산을 보러 세계 곳곳에서 관광객이 몰려온답니다. 그렇지만 유명한 관광지 빼고 대부분 마을은 험준한 산에 둘러싸여 있어요. 전기가 들어오지 않는 곳도 많고요. 시골에 사는 사람들은 농사를 지어서 1년에 20만 원 정도를 벌어요. 그럼 네팔에 사는 소녀 샨티는 하루를 어떻게 보내는지 알아볼까요?

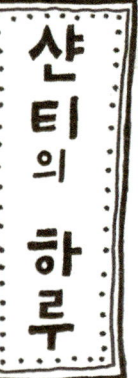

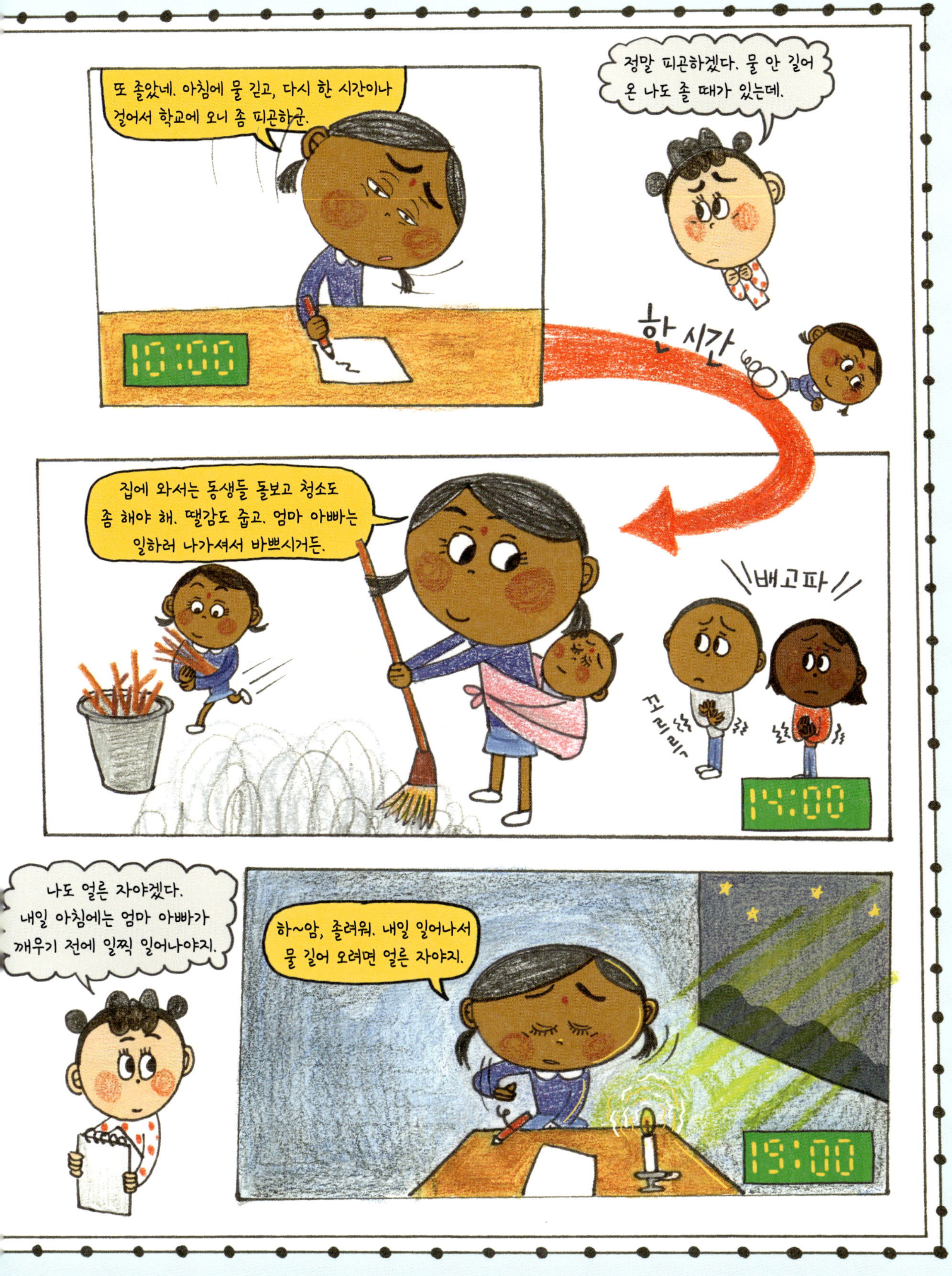

가난에 대한 오해

와, 만화에서 보니 샨티가 정말 바빠요. 하루 종일 쉴 틈이 없네요. 도대체 샨티의 엄마 아빠는 어디 계시기에 샨티가 이렇게 일을 많이 해야 할까요?

샨티네 집은 원래 농사를 지었어요. 그런데 땅이 아주 조금밖에 없어서 농사를 지어도 여덟 식구가 먹고 나면 시장에 내다 팔 것이 거의 남지 않아요. 그래서 샨티네 부모님은 이웃의 커다란 농장에 가서 일을 하기도 하고, 도시로 나가 공사장에서 일하기도 해요. 이렇게 부모님이 바쁘니 샨티와 동생들은 엄마 아빠 얼굴을 자주 볼 수 없지요.

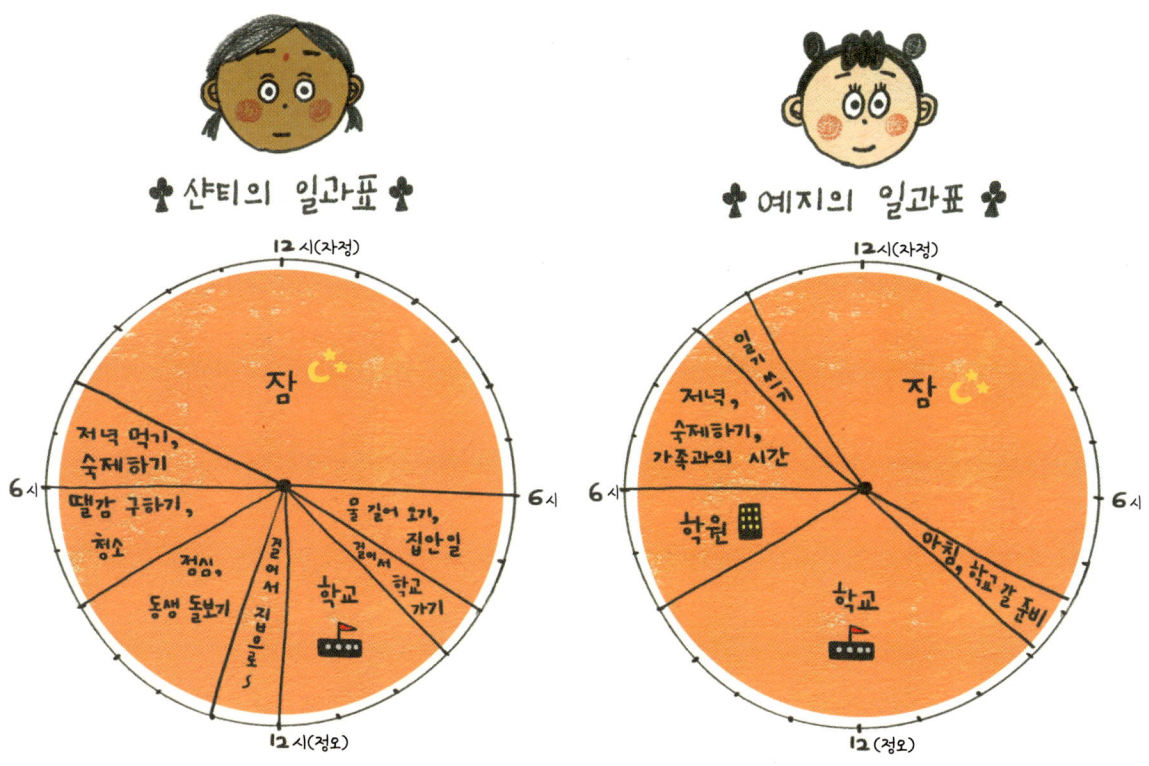

"가난한 사람은 왜 가난할까?"라는 질문을 던지면, 많은 사람들이 '돈을 벌지 않고 게으름을 피워서'라거나 '공부를 열심히 하지 않아서'라고 답해요.

그런데 샨티의 하루를 보니 이상하지 않나요? 사실 가난하기 때문에 밥을 굶지 않기 위해서라도 더 일찍 일어나 더 늦게까지 일해야 해요. 모든 일을 스스로 해야 하기도 하고요. 게으름을 피울 틈이 없어요. 부모님이 바쁘시니 열두 살 샨티도 할 일이 산더미고요. 그러니 사람들이 빈곤에 대해서 대답한 말은 실은 틀렸다는 것을 알 수 있지요.

정부와 사회의 역할이 중요해요

깨끗한 물, 불을 밝히고 난방을 할 수 있는 에너지, 누구나 쉽게 갈 수 있는 학교와 병원은 어느 나라에서 태어났든, 가난하든 부유하든 간에 인간이라면 누구나 마땅히 누려야 할 아주 기본적인 것들이에요. 그래서 이런 것들을 누리지 못하는 사람이 없도록 정부가 나서는 거지요. 정부는 세금을 걷어 발전소와 학교, 병원을 짓기도 하고, 공공 서비스를 누구나 이용할 수 있도록 가격을 싸게 유지하는 역할을 해요. 예를 들면 수돗물을 공급하는 회사가 가격을 함부로 올리지 못하도록 그 회사에 보조금을 준다거나 세금을 깎아 주기도 하고, 정부가 직접 그 회사를 운영하기도 해요.

정부가 이런 역할을 제대로 하지 못하면 어떻게 될까요? 우선 공공 서비스의 가격이 엄청나게 비싸져요. 수돗물을 예로 들어 볼까요? 강에서 물을 끌어와 깨끗한 물로 바꾸고, 다시 수도관을 통해 집집마다 보내려면 엄청난 생산비가 들어요. 정부가 아닌 기업이 이 일을 대신하게 되면 당연히 생산비를 모두 소비자에게서 받아야겠지요. 손해 보고 장사할 순 없으니까요. 이렇게 되면 부자들은 비싼 돈을 주고라도 수돗물을 쓰겠지만, 가난한 사람들은 엄두도 내지 못할 수밖에 없어요. 그러니 이런 문제는 샨티네 가족처럼 더 열심히 바쁘게 일한다고 해서 해결되지 않지요.

공공 서비스의 가격과 관련한 재미있는 조사 결과가 있어요. 영국의 부자 마을과 인도의 가난한 마을 사람들이 의료비로 얼마를 쓰는지 비교해 봤어요. 놀랍게도 같은 병을 치료하는 데 인도 사람들이 영국 사람보다 훨씬 많은 돈을 내고 있었어요. 인도 사람들이 더 가난한데도 말이지요. 또 인도에서는 배가 아파 설사가 나면 병원에 가서 약을 사는 데 천 원이 드는데, 영국에서는 무상이에요. 영국 정부는 누구에게나 무상 의료를 제공하는 반면, 인도의 시골에서는 동네 가게에서 약을 사 먹어야 하거든요. 정부가 운영하는 보건소가 너무 멀리 떨어져 있어서 갈 엄두도 못 내고요. 가난한 사람들이 돈을 덜 내면 덜 내야지, 더 많은 돈을 낸다니요!

이런 사정은 샨티가 사는 네팔에서도 비슷해요. 한국에서는 의료

보험으로 병원비 부담을 줄일 수 있고, 병원비를 내기 어려운 형편일 때는 의료 보호 제도가 있어서 무상으로 치료받을 수도 있어요. 물론 시설이 잘 갖춰진 병원이 집 가까이에 있고요. 반면에 네팔에서는 감기에만 걸려도 진료비와 약값으로 매번 천 원 정도를 써야 해요. 정부가 진료비나 약값을 보조해 주지 못하니까요. 천 원이라고 하니 굉장히 싼 것 같지만, 샨티네 가족이 하루에 버는 돈이 2천 원도 안 되니 아주 큰 부담이지요. 하루에 버는 돈의 반을 치료비로 써야 하니까요.

만약 생계를 책임지고 있는 샨티의 부모님이 아프기라도 하면 어떤 일이 벌어질까요? 아마 샨티는 어쩔 수 없이 학교를 그만두고 일을 해서 치료비를 보태야 할 거예요. 학교 공부를 마치지 못하면 어른이 되어 좋은 직업을 갖고 가난에서 벗어날 가능성도 그만큼 줄어들 테지요. 한국에서는 그리 힘들지 않게 넘어갈 수 있는 일도 네팔에서는 매우 어려운 일이 될 수 있어요. 그러니 샨티네처럼 가난한 사람들은 빈곤에서 벗어나기가 점점 더 어려워질 수밖에 없지요.

세상 어디에 살든 누구나 언제라도 아플 수 있고, 직업을 잃을 수도 있어요. 부자나 가난한 사람이나 마찬가지이지요. 이럴 때 그 사회가 공정하고 건전하다면 가난한 사람들이 이런 어려움 때문에 더 가난해지지 않도록 보호해 줄 수 있어요. 그런데 샨티네 가족의 경우는 어떤가요? 가족 모두 열심히 일하지만 물, 전기, 에너지 같은 기본적인 공공 서비스를 구하기도 어렵고, 학교에 다니고 병원에 가는 데도 돈이 많이 들어요. 힘든 일이 생겼을 때 샨티네 가족을 든든하게 지켜 줄 사회 제도도 튼튼하지 않고요. 상황이 이러하니 샨티네 가족이 빈곤에서 벗어나기는 쉽지 않지요. 개인의 부지런함과 노력만으로는 한계가 있으니까요.

이제까지 나눈 이야기로 어떤 사람이 겪는 가난이 개인의 게으름이나 능력 부족에서 비롯한 것만은 아니라는 것을 이해했을 거예요. 그보다는 그 사람이 어떤 사회에 속해 있는지가 빈곤의 이유를 더 많이 설명해 주지요. 그러니 가난한 사람들을 게으르다고 비난하거나 마냥 불쌍하게 여기기보다는 그 사람이 속한 사회를 들여다보고 책임을 함께 나누려는 마음이 필요해요. 우리 모두 한 사회의 구성원이니까요.

그렇다면 왜 어떤 나라나 어떤 사회는 가난한 사람들을 잘 보듬어 빈곤을 극복하고 발전하는데, 또 다른 나라는 빈곤 상태에 머물러 있을까요? 세계의 빈곤 문제는 언제 어디에서부터 시작되었을까요? 스스로 이런 물음을 가져 보는 것이 무엇보다 중요해요. 우리가 사는 세상에 빈곤과 풍요가 함께 있다는 것, 가난한 사람들이 아주 열심히 일해도 가난에서 벗어나기 쉽지 않다는 사실에 물음표를 다는 것이 세상의 모습을 제대로 이해하기 위한 첫 걸음이 될 테니까요.

4.
세계의 빈곤에 대해 잘못 알려진 사실들

 아프리카를 향한 잘못된 시선

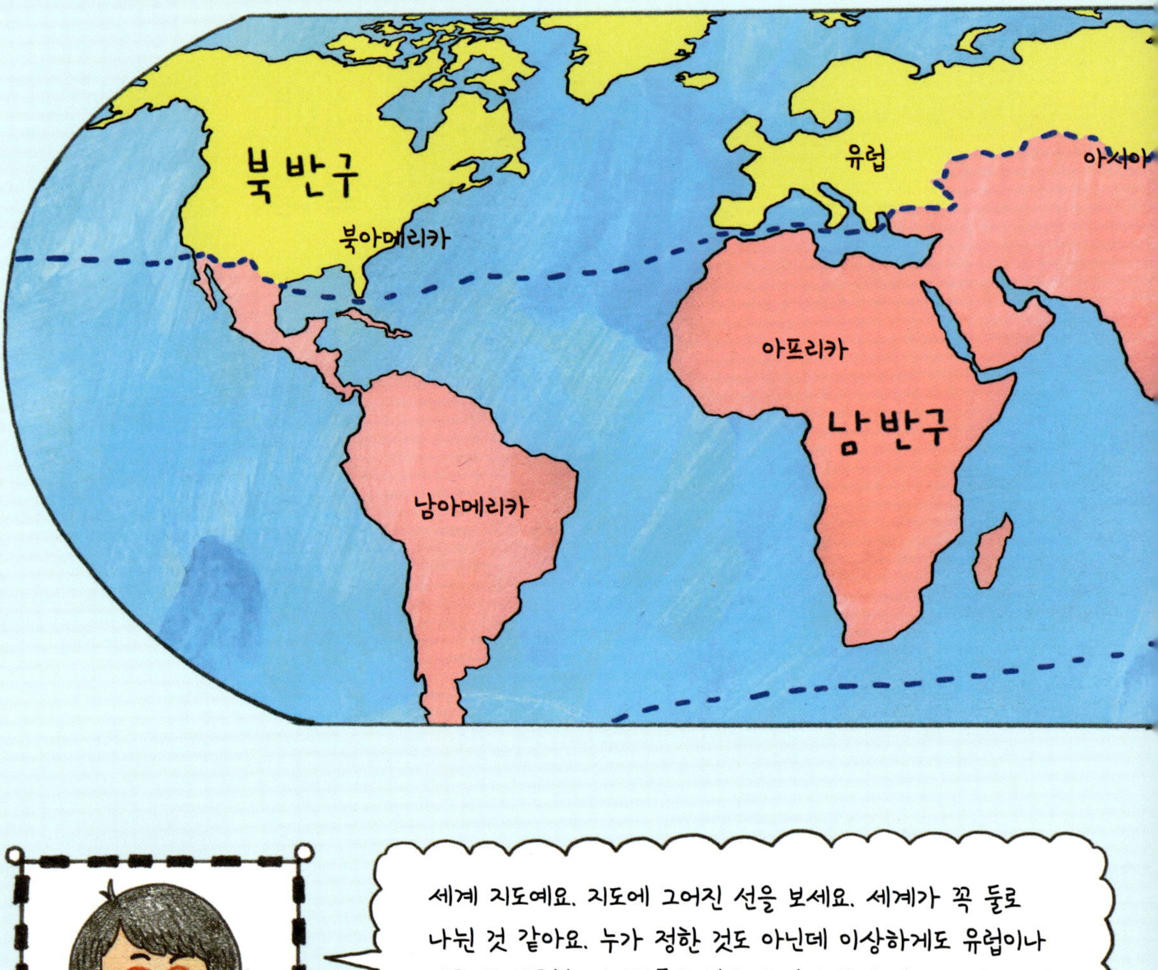

세계 지도예요. 지도에 그어진 선을 보세요. 세계가 꼭 둘로 나뉜 것 같아요. 누가 정한 것도 아닌데 이상하게도 유럽이나 미국 등 부유한 선진국들은 북쪽에 많이 몰려 있어요. 아프리카, 남아메리카 등 가난한 나라들은 남쪽에 많이 몰려 있고요. 그래서 흔히 '잘사는 북반구'와 '가난한 남반구'라고 하지요. 왜 북반구 나라들은 대체로 잘살고, 남반구 나라들은 가난할까요?

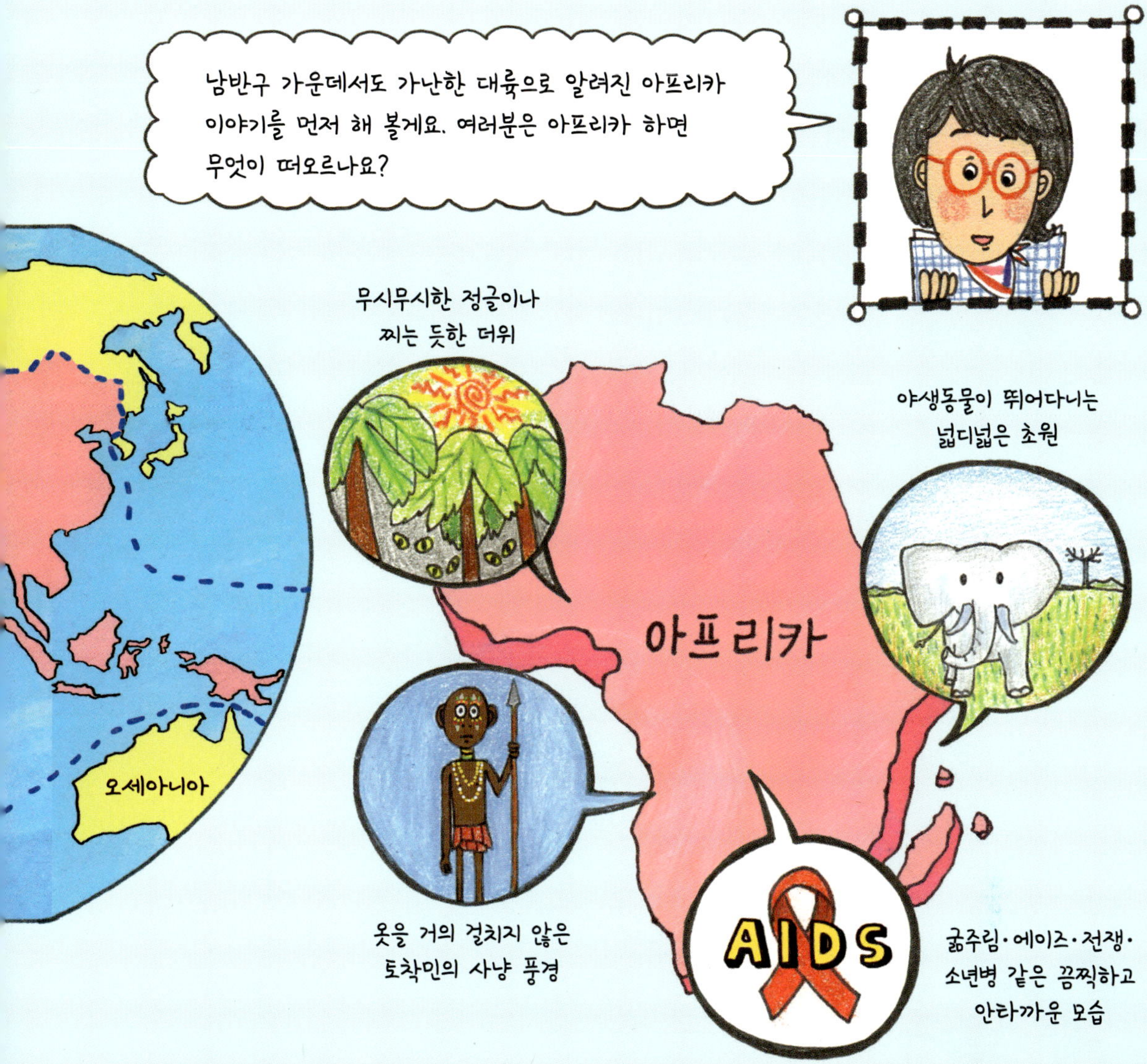

남반구 가운데서도 가난한 대륙으로 알려진 아프리카 이야기를 먼저 해 볼게요. 여러분은 아프리카 하면 무엇이 떠오르나요?

오세아니아

무시무시한 정글이나 찌는 듯한 더위

야생동물이 뛰어다니는 넓디넓은 초원

아프리카

옷을 거의 걸치지 않은 토착민의 사냥 풍경

AIDS

굶주림·에이즈·전쟁· 소년병 같은 끔찍하고 안타까운 모습

이처럼 아프리카에 대해 어느 단면만을 보거나 나쁜 것만 찾아보면 아프리카에 대한 오해가 더욱 쌓이기도 합니다. 아프리카 사람들은 가난하고 게으르고 싸우기 좋아하는 사람들이라고 규정짓고 나면 아프리카가 가난한 진짜 이유를 제대로 알기가 어려워요.
진짜 이유를 알지 못하면 빈곤 문제를 해결하는 일도 더욱 어려워지겠지요. 그러니 이런 편견에서 벗어나 아프리카를 다시 보고 정확히 알며, 빈곤 문제도 제대로 아는 것부터 시작해 이해하고 해결책을 찾으려는 노력이 필요해요.

편견은 가난한 사람들에게 독이 돼요

앞에서 본 아프리카 사람들에 대한 편견은 사실이 아니에요. 옛날 사람들이 아프리카 대륙을 여행하며 남긴 기록을 보면 오히려 아프리카 사람들이 부지런하다는 것을 얘기하고 있거든요. 농사를 짓고 솜씨 좋은 손기술로 공예품 만드는 모습을 생생하게 묘사해 놓았지요. 반면에 아프리카 사람들이 게으르다는 이야기는 아프리카를 지배했던 유럽의 관료들이 남긴 기록에 많이 나와요. 게으르고 지식 수준이 낮은 아프리카 사람들에게 부지런함을 가르친다는 구실로 노예 노동을 시킨 것을 정당하게 여기도록 꾸며 낸 것이지요.

아프리카 대륙에서는 같은 나라 사람들끼리도 전쟁을 계속하는 탓에 가난에서 벗어나지 못한다는 편견도 있어요. 그런데 아프리카에서 벌어진 전쟁을 연구해 보니 정반대의 결과가 나왔어요. 사람들이 전쟁을 해서 가난해진 것이 아니라 가난하기 때문에 전쟁에 휩쓸리게 되었다는 것이지요.

만약 일자리가 없고 사업을 벌여도 돈을 벌 수 있는 기회가 아주 적은 가난한 나라에서 어느 날 문득 다이아몬드와 같은 값비싼 천연자원이 발견된다면 어떨까요? 당연히 서로 다이아몬드를 갖겠다고 하겠지요. 이럴 때 정부가 나서서 사람들이 서로 다이아몬드를 더 많이 차지하겠다고 싸우지 않도록 공정한 규칙을 세우고, 모두에게 자원의 혜택이 고르게 돌아가도록 하면 가장 좋겠지요. 기업이 사람을 고용해서 다이아몬드를 캐고, 세계 시장에 다이아몬드를 내다 팔아서 돈을 벌어 세금을 내면, 정부는 그 돈으로 학교나 병원을 짓고 가난한 사람들을 보살펴 줄 수 있을 거고요. 반면에 정부가 이런 역할을 제대로 하지 못하면 너도나도 다이아몬드를 더 많이 차지하겠다고 목숨을 걸고 싸우게 되겠지요. 너무 가난해서 싸워도 잃을 것이

없는 사람들이라면 더더욱 그 싸움에 목숨을 걸 테고요.

　1991년 서아프리카의 작은 나라 시에라리온에서 바로 이런 일이 일어났어요. 당시 시에라리온 사람들의 평균 수명은 34세에 지나지 않았고, 한 사람이 일 년 동안 버는 돈은 14만 원 정도였어요. 이렇게 가난한 나라에서 유일한 지하자원인 다이아몬드가 나왔으니, 그 채굴권을 두고 정부군과 반군이 격렬한 싸움을 벌였지요. 이 싸움이 10년 동안이나 계속되어 20만 명의 목숨을 앗아 가고, 나라 전체 인구의 3분의 1을 난민으로 만들었어요. 다이아몬드 말고는 희망을 걸 수 있는 게 전혀 없을 만큼 가난했기 때문에 무자비한 전쟁에 쉽고 빠르게 휩쓸리게 된 거예요.

　안타깝게도 '전쟁'이나 '게으름'처럼 아프리카에 대해 잘못 알려진 편견 때문에 아프리카 대륙이 가난에서 벗어날 기회를 더욱 놓치고 있어요. 부정적인 인상이 강하니 이 지역에 공장을 세우고 일자리를 만들려는 나라나 기업들이 별로 없지요. 사회가 불안하고 언제 전쟁이 일어날지 모르는데 누가 돈을 들여 그곳에서 새로운 사업을 하려고 하겠어요? 이런 상황을 두고 아프리카 토고에서 태어난 한 정치인은 "아프리카를 향한 시선은 거기에서 실제로 벌어지고 있는 일보다 더 위험하다."고 했어요.

　이처럼 부정적인 편견에 사로잡혀 있으면 남반구 나라들, 특히 아프리카 대륙이 왜 가난한지에 대한 진짜 이유를 알고 이해하기 어려

워요. 진짜 이유를 모르면 가난에서 벗어나기 위해 무엇을 해야 하는지도 알 수 없어요. 몸이 아플 때 병원에 가서 의사에게 진찰을 받지 않고 제멋대로 약을 먹어서는 상태가 나아지지 않는 것과 같지요.

남반구 나라가 가난한 진짜 이유는 따로 있어요

그럼 남반구 나라가 가난한 진짜 이유는 무엇일까요? 아프리카 지역에 사는 평범한 사람들에게 물었더니 많은 사람들이 "부패한 정치인과 기업가들 때문이다. 그들은 부자이고 우리는 가난하다."라고 답했어요. "북반구의 부자 나라가 아프리카의 자원과 부를 빼앗아 가기 때문이다." 하는 답도 있고요.

이런 답만 봐도 아프리카 대륙이 가난한 이유가 자연환경이나 문화 때문이 아니라 힘이 있는 소수에게만 부가 집중되는 구조 때문이라는 것을 알 수 있어요. 아프리카 대륙 전체가 가난하다기보다는 권력층은 유럽에 별장을 사 두고 여행할 정도로 부유한데, 일반 사람들은 하루 끼니를 다 챙기지 못할 정도로 가난하다고 말하는 게 맞겠지요. 이는 땀 흘리며 일하는 사람에게 돌아가야 할 몫을 소수의 정치인이 가로채거나, 다른 대륙의 기업이나 정부가 차지한다는 말이에요.

도대체 왜 이런 일이 벌어질까요? 이 물음에 대한 답을 찾으려면 역사부터 살펴봐야 해요.

5. 세계의 빈곤, 역사적인 이유

대항해 시대 — 침략의 시대

힘이 센 한 나라가 그보다 힘이 약한 다른 나라를 힘으로 누르고, 그 나라의 경제와 정치를 제 이익을 위해 조정하는 것을 '식민 지배'라고 해요. 15세기 후반부터 18세기 중반까지 산업이 먼저 발달한 나라가 돈과 무기를 내세워 가난하고 힘없는 나라를 누르고, 그 나라에서 천연자원이나 노동력을 빼앗아 점점 더 부자가 되는 발판을 마련했어요. 유럽의 배들이 세계를 돌아다니며 항로를 개척하고 아메리카 대륙을 발견했지요. 이 시기를 '대항해 시대'라고 해요. 하지만 이는 유럽 탐험가들의 입장만 드러낸 말이에요. 아주 오래전부터 아메리카나 아프리카에 살던 토착민들에게 이 시대는 유럽 사람들이 어느 날 갑자기 쳐들어오기 시작한 '침략의 시대'이니까요. 이 무렵 힘이 아주 강했던 나라들은 에스파냐, 포르투갈, 영국이에요.

식민지 주민들은 노예로 팔려 가거나 힘들게 농사지은 식량을 헐값에 내줘야 했던 반면, 유럽의 식민지 본국은 갈수록 부자가 되었어요. 이런 모습을 두고 '착취적 경제' 또는 '쥐어짜기 경제'라고 하는 학자도 있어요. 오늘날 북반구의 부자 나라들 가운데 대다수는 과거에 식민지를 운영했고, 가난한 남반구 나라 대부분은 그 나라들로부터 식민 지배를 받은 나라들이에요.

식민 지배 역사가 기아를 낳았어요

앞의 만화에서 보았듯이, 500여 년에 걸친 유럽의 식민 지배는 아프리카와 아시아의 모습을 완전히 바꾸어 놓았어요. 영국의 식민지였던 인도를 예로 살펴볼까요?

인도는 영국의 식민 지배를 받기 전까지 세계 최대 면직물 수출국이었어요. 질 좋은 목화를 키우는 데다 손으로 베틀 짜는 솜씨 좋은 기술자가 많았거든요. 그런데 영국에서 면직물 짜는 기계를 발명하자 상황이 바뀌어요. 기계를 이용해 한 번에 많은 양의 면직물을 생산할 수 있게 된 영국은 면직물의 원료인 목화를 싸게 사들여서 이를 가공해 만든 면직물을 되팔 수 있는 소비 시장이 필요했어요. 영국은 1800년대 초반부터 동인도 회사를 내세워 인도에서 무역 사업을 해 왔는데, 힘이 커진 동인도 회사가 인도에 대한 지배권을 영국 정부에 넘겨준 1858년부터는 공식적으로 인도를 식민지로 지배하게 돼요.

영국은 인도에서 강제로 면직물 산업에 필요한 목화를 집중적으로 생산하게 했어요. 인도의 주식인 쌀과 밀은 재배할 수 없게 했고요. 그러고는 목화 가격을 크게 낮춰 버렸지요. 인도 농민들은 어쩔 수

없이 목화를 재배했지만, 헐값에 목화를 팔아서 버는 돈으로는 끼니조차 잇기 힘들어졌어요. 1876년에 일어난 인도 대기근은 바로 이렇게 수백만 명의 목숨을 앗아 갔어요. 영국이 인도를 식민지로 지배하기 전에는 쌀과 밀 등의 농사를 지어 배부르게 먹고 살았는데, 이제 영국의 결정에 목숨이 달려 있게 된 것이지요.

같은 인도 사람이라도 땅을 많이 가졌거나 무역업을 하거나 가난한 사람에게 돈을 빌려주고 높은 이자를 챙기는 사람들은 식민지 지배 아래에서 오히려 점점 더 재산을 늘렸어요. 반대로 작은 땅을 가지고 빠듯하게 먹고살던 대부분의 사람들은 갈수록 생활이 불안정해지고 점점 더 가난해졌지요.

이러한 일은 인도뿐만 아니라 아프리카의 말리, 베냉, 부르키나파소, 차드 등에서도 똑같이 일어났어요. 농민들은 식민지 본국의 강요에 따라 목화, 코코아, 땅콩, 커피 같은 수출용 작물을 키우느라 정작 자신들의 배를 채울 곡식은 키울 수 없었어요. 대신 대농장을 가진 사람들, 유럽과 무역업을 하는 사람들만 배를 불렸지요.

식민 지배는 결국 사회를 둘로 쪼개는 결과를 낳았어요. 앞에서 아프리카 지역에 사는 평범한 사람들에게 왜 이 지역이 가난한지 물어보면 "정치인들과 기업가들 때문이다. 그들은 부자이고 우리는 가난하다."라고 답하는 경우가 많다고 했지요? 식민 지배의 역사를 이해하면 오늘날 남반구 나라에 사는 많은 사람들이 가난한 이유를 헤아려 볼 수 있어요. 식민지 무역에 관여하던 정치인과 기업가들이 부를 독차지하는 경제 구조가 깊게 뿌리박혀서 독립 이후 오늘날까지도 새롭게 바뀌지 못하고 있는 것이 문제예요.

노예 무역이 남긴 깊은 상처

식민지 지배 시대의 노예 무역은 아프리카 사회에 깊은 상처를 남겼어요. 노예 무역은 앞에서 말한 착취 경제의 핵심이에요. 1441년 포루투갈 인들이 서아프리카 기니 연안에서 물물교환으로 흑인 노예들을 유럽에 들여왔어요. 이 흑인 노예들을 유럽 시장에 팔면서 노예 무역이 시작되었지요. 이어 1492년 콜럼버스가 신대륙을 발견한 뒤로는 노예를 사려는 사람들이 크게 늘어났어요. 황무지에 가까운 넓은 땅을 일구고 농사를 지으려면 일손이 아주 많이 필요했거든요. 헐값에 일을 시킬 수 있는 노예들이 그 일을 다 떠맡았지요.

17세기 이후에는 유럽 국가들이 본격적으로 노예 무역에 뛰어들어 1,500만 명이 넘는 노예가 아프리카를 넘어 신대륙으로 팔려 갔어요. 아프리카 흑인에게서 병이 옮을까 봐 두려웠던 유럽 사람들은 노예를 직접 생포하지 않고 아프리카 부족장들에게 술, 무기, 장신구 등을 주고 노예를 사들였지요. 그러고는 배의 짐칸에 노예를 가득 싣고서 신대륙으로 갔어요. 생포된 노예들은 화물선 짐칸에 던져져 햇빛 한번 보지 못하고 몇 달씩 걸리는 항해를 참아 내야 했어요. 그 과정이 얼마나 고통스러웠는지 차라리 굶어 죽기를 택하고 먹기를 거부한 사람들도 많았다고 해요. 배가 신대륙에 도착할 즈음에는 앙상하게 말라 다 죽어 가는 사람들만 남아 있었어요. 이렇게 가까스로 살아남은 사람들은 농장에 팔려 가 사나운 채찍질과 굶주림을 견디며 죽을 때까지 일만 하는 고통스러운 삶을 살았어요.

한편 한창 일할 나이의 사람들을 노예로 빼앗긴 아프리카 대륙은 텅텅 빈 채로 전쟁을 계속했어요. 유럽 사람들이 노예를 가져가는 대가로 준 술과 무기, 장신구에 중독된 아프리카 왕들은 군대를 시켜 아무나 잡아다가 노예로 삼았어요. 이웃 사람이 노예로 잡혀가지 않으면 내가 잡혀가야 하는 절박한 상황은 이웃마저도 적이 되게 했어요. 잡아먹지 않으면 잡아먹힌다는 불신과 폭력이 아프리카 부족과 마을 곳곳에 가득 찼지요.

이런 비극은 200년 뒤 식민 지배에서 벗어난 아프리카 나라에서 다시 한 번 되풀이되었어요. 식민지 시대에 유럽에 노예를 팔아 돈을 벌던 권력자처럼 신생 독립국의 권력자들은 지하자원을 팔아 개인 재산을 모으는 데 열을 올렸지요. 이 과정에서 특정 부족에 대한 분노가 부추겨지고 집단 살인까지 벌어졌어요. 전쟁을 일으키고 포로로 잡힌 노예를 유럽에 팔아넘기던 아프리카 부족장과 왕의 모습이나, 다이아몬드 같은 자원을 차지하려고 전쟁도 마다하지 않는 아프리카 정치인들 모습이 많이 닮았지요?

이렇게 보면 아프리카 대륙이 가난에서 벗어나지 못하는 이유 가운데 하나는 이처럼 폭력과 불신을 부추기며 개인 재산을 불리는 데만 열을 올리는 지도자들과 이를 부추긴 서구인들 때문이에요. 옛날 노예 무역 과정에서부터 생겨난 부족 간의 증오, 불신, 폭력의 상처가 아직까지도 아프리카 대륙을 멍들게 하고 있어요.

현재까지 이어지는 불행

아프리카 대륙에 그어진 수상한 국경선과 이 때문에 지금까지도 끊임없이 벌어지는 전쟁은 또 어떤가요? 지도를 펴고 아프리카 여러 나라의 국경선을 살펴보세요. 산과 강을 따라 자연스럽게 곡선을 이루는 게 아니라 직선으로 쭉쭉 그어진 곳이 많아요. 누가 일부러 국경선을 맘대로 그어 버린 것처럼요. 말리, 니제르, 차드, 수단의 북쪽 국경선은 알파벳 W 자 모양으로 부자연스럽고, 에티오피아와 소말리아의 국경선은 에티오피아가 소말리아를 사과 한 입 베어 문 듯이 갉아 먹은 모양이에요. 이렇게 모양이 수상한 국경선은 옛날 식민지 본국인 유럽 나라들이 만든 거예요. 유럽 나라들이 서로 식민지를 더 많이 갖겠다고 싸우다가 서로의 영역이 부딪치는 곳에서 자기들 마음대로 경계선을 나눠 버렸거든요. 아프리카 사람들 스스로 자연스럽게 만든 국경선은 고작 10분의 1에 지나지 않아요.

더 큰 문제는 유럽 나라들이 제멋대로 그어 놓은 국경선이 아프리카 사람들의 국민적 소속감과는 관련이 없다는 점이에요. 어제까지는 같은 부족으로 살아왔던 사람들이 어느 날 갑자기 다른 나라 사람이 되거나, 아니면 남남처럼 살거나 서로 사이가 매우 좋지 않던 부족 사람들이 하루아침에 같은 나라 사람이 되는 일이 벌어졌어요. 국경선에 불만을 품은 사람들은 총과 칼을 들고 잃어버린 땅을 찾고자 나섰지요. 정부 또한 총과 칼로 이들을 진압하면서 내전에 휘말리게 된 나라들이 많아요. 그러니 빈곤을 벗어나 발전의 길에 들어서기가 더 어려워질 수밖에요.

식민지 시대 유럽 나라들은 아프리카의 부를 쥐어짜서 자기들의 배를 불렸어요. 그러면서 아프리카 대륙에는 증오와 불신, 폭력을 남겨 놓았지요. 아프리카 대륙의 지도자들은 과거에는 노예를 팔아서 이익을 얻고, 독립 이후에는 지하 광물자원을 캐내어 번 돈으로 배를 불렸어요. 그리고 그 돈으로 무기를 사서 자신을 위협하는 다른 정치가와 부족을 협박했지요. 그러다 보니 공정한 선거를 통해 공직에 진출하고 시민들에게 책임을 다하는 정부가 세워질 수 없었어요. 아프리카 지도자들이 개발 이익을 독차지하고 수십 억 달러를 빼돌려서 유럽 은행에 돈을 감추는 동안 아프리카 사람들은 굶주리고, 아파도 병원에 가지 못할 만큼 가난하고 힘들게 살게 된 거예요.

조금 긴 역사 여행이었나요? 이제 남반구, 특히 아프리카 대륙이 왜 빈곤한지에 대해 좀 더 이해할 수 있게 되었지요?

1945년에서 1981년 사이에 남반구의 많은 나라들이 식민지에서 독립해 당당한 주권 국가가 되었다. 남반구 곳곳에서 많은 사람들이 목숨을 걸고 독립운동에 나섰기 때문이다. 그때 그 나라들은 독립을 하면 가난한 나라도 부자 나라와 동등하게 목소리를 내고, 공정한 규칙에 따라 무역을 할 수 있으리라 기대했다. 식민지 본국에서 헐값을 받고 자원을 내주던 데서 벗어나 제값에 자원을 팔아 그 돈으로 공장을 짓고 제품을 만들어 일자리도 늘리고, 학교와 병원을 더 많이 지을 꿈에 부풀어 있었다.

그런데 50년이 지난 지금은 남반구 나라들의 이런 기대와는 많이 다른 모습이다. 한국처럼 가난을 딛고 일어선 경우도 있지만, 이런 나라는 정말 몇 되지 않는다. 오히려 아프리카에서는 세계화가 빠르게 진행된 지난 20년 사이 더 가난해진 나라들이 많다. 도대체 그동안 무슨 일이 있었던 것일까? 왜 이런 일이 벌어지는 것일까?

독립, 그 이후 일그러진 세계화 바람

식민지도 노예 제도도 없는 현대에도 남반구 나라가 왜 가난에서 벗어나지 못하는지를 이해하려면 세계 경제로 시선을 넓혀 '세계화'의 모습을 살펴봐야 해요. 세계화는 나라 사이에 자본, 상품, 그리고 사람의 이동이 더 쉬워지고 더 활발해지는 현상을 말해요. 각각의 나라들이 값싸고 질 좋은 상품을 만들고 서로 교환함으로써 서로 이익을 본다는 자유 무역의 원리에 따라 무역을 가로막는 장벽을 없애고 더 활발하게 무역을 하자는 주장이지요.

그런데 이런 세계화가 대체 뭐가 새롭기에 문제가 되냐고요? 여러분의 지적이 맞아요. 앞에서 살펴본 것처럼 나라들 사이의 무역은 아주 오래전부터 있어 왔으니까요. 세상 어떤 나라도 필요한 모든 것을 혼자 다 구하기는 어려워요. 이웃 나라와 교류하며 남는 것은 팔고, 모자라는 것은 사는 무역은 꼭 필요한 일이었어요.

그런데 오래전부터 있어 온 이런 현상에 왜 굳이 '세계화'란 이름을 붙여 부르는 걸까요? 이웃 나라들 사이의 '교류'와 '세계화' 사이의 가장 큰 차이는 정부의 역할이 다르다는 점이에요. 세계 경제를 축구 경기가 벌어지는 경기장에 비유해 보면 좀 더 쉽게 이해할 수 있어요. 선진국과 가난한 나라가 무역이란 경기를 펼쳐요. 그런데 선진국은 체격과 기술이 좋은 프로 팀에 가깝고, 가난한 나라는 기술도 체력도 아직은 부족한 어린이 축구팀에 가까워요. 이런 상황에서 공정함이란 무엇일까요? 어린이 축구팀을 배려하는 경기 규칙을 정하는 것이겠지요. 그러지 않으면 경기를 하면 할수록 어린이 팀은 힘만 더 들고, 부상을 당하기도 쉽고, 득점을 하기도 쉽지 않을 테니까요.

프로 팀과 어린이 축구팀을 같은 규칙 아래에서 시합하도록 하는 게 오히려 불공정하지요.

세계화 이전, 오래전부터 있어 온 나라들 사이의 무역은 이를테면 프로 팀과 어린이 팀의 수준 차이를 고려한 경기였어요. 가난한 나라는 정부가 나서서 어린이 수준에 머물고 있는 자기 나라 기업을 보호했어요. 마치 특별 훈련을 시키고 경기의 흐름에서 뒤처지거나 부상당한 선수들을 보살피듯이 말예요.

그런데 세계화가 본격적으로 진행되면서 각국의 정부가 더 이상 이 같은 역할을 하지 못하게 되었어요. 이런 변화는 1980년대 초부터 일어났어요. 제2차 세계 대전 이후로 선진국들은 지속적인 경제 성장을 이루며 부를 늘려 왔어요. 그런데 1980년대에 들어서 경제 성장이 더뎌지자 정부가 씀씀이를 줄이고 다시 예전의 작은 정부(자유주의)로 돌아가자는 목소리가 힘을 얻기 시작했어요. 국가가 개입을 덜 하고 자유 경쟁에 맡기자는 것이지요. 이를 '신자유주의'라고 해요. 더 이상 복지국가는 필요 없고 시장 논리로 가야 살아남는다는 주장이지요.

신자유주의는 나라와 나라 사이에 상품, 기술, 자본이 자유롭게 이동하고 거래될 수 있도록 각 나라에 규제를 없애고 국경을 활짝 열라고 했어요. 또 정부와 노동조합은 기업의 돈벌이에 간섭하지 말라고도 하고요. 환경 규제나 안전 보건을 위한 규칙, 노동자의 권리를 보호하는 장치도 없애라고 했어요. 그래야 경제 성장이 지속되고 모두가 부를 누릴 수 있게 될 것이라면서요. 과연 그럴까요?

신자유주의의 진짜 모습

선진국에서 시작한 신자유주의는 1980년대를 거치며 남반구의 가난한 나라에도 점차 퍼져 나가게 돼요. 선진국들은 '세계화'란 말을 들어 자기 나라의 기업이 가난한 나라를 무대로 사업을 하고 돈을 벌 수 있도록 무역에 따르는 모든 보호 조치를 없앨 것을 요구하기 시작했어요. 모든 상품과 자본이 어떠한 장벽도 없이 자유롭게 경쟁을 하게 되면, 전 세계적으로 무역의 양이 늘어나고 결국 그 혜택이 가난한 나라에도 돌아갈 것이라고 했지요. 가난한 나라의 정부가 취약한 자기 나라의 산업 경쟁력을 높이기 위해 취하던 보호 조치에 대해서는 공정한 경쟁에 어긋난다며 멈출 것을 요구했어요.

이 같은 세계화를 널리 퍼뜨리는 데는 선진국들이 주축이 되어 세운 세계무역기구(WTO:World Trade Organization)와 국제통화기금(IMF:International Monetary Fund) 같은 국제 금융 기구가 앞장섰어요. 가난한 나라는 이들 국제 금융 기구에 이미 많은 빚을 지고 있었기 때문에, 이들이 원금을 돌려 달라 하거나 이자율을 높여 가며 세계화의 흐름을 받아들이라고 으름장을 놓으면 이에 저항할 힘이 없었고요.

국제 금융 기구들은 국민의 삶에 직접적인 영향을 미치는 교육, 식량, 의료, 에너지 분야에 가난한 나라 정부가 직접 개입해 돈을 쓰는 것도 공정한 경쟁에 어긋난다고 했어요. 1980년대 아프리카에서는 이런 일이 무척 흔했거든요. 아프리카 나라에 빌려준 돈을 받지 못할까 우려한 국제 금융 기구는 아프리카 정부들에 신자유주의 경제 정책을 받아들이라고 강요했지요. 아프리카 정부들은 학교나 보건소를 짓고, 깨끗한 수돗물을 만들고, 농민들을 돕는 데 쓸 돈을 줄일 수밖에 없었어요. 외국 기업이 들어와 자유롭게 돈을 벌 수 있도록 정부의 간섭도 줄였어요. 이자를 갚기 위해서라도 돈을 계속 빌려야 했던 아프리카 정부들로서는 국제 금융 기관의 말에 따를 수밖에 없었던 거지요.

그 결과는 어땠을까요? 아프리카 여러 나라에서 선생님이 월급을 제때 받지 못해 학교를 떠나고, 보건소의 의사와 간호사도 다른 나

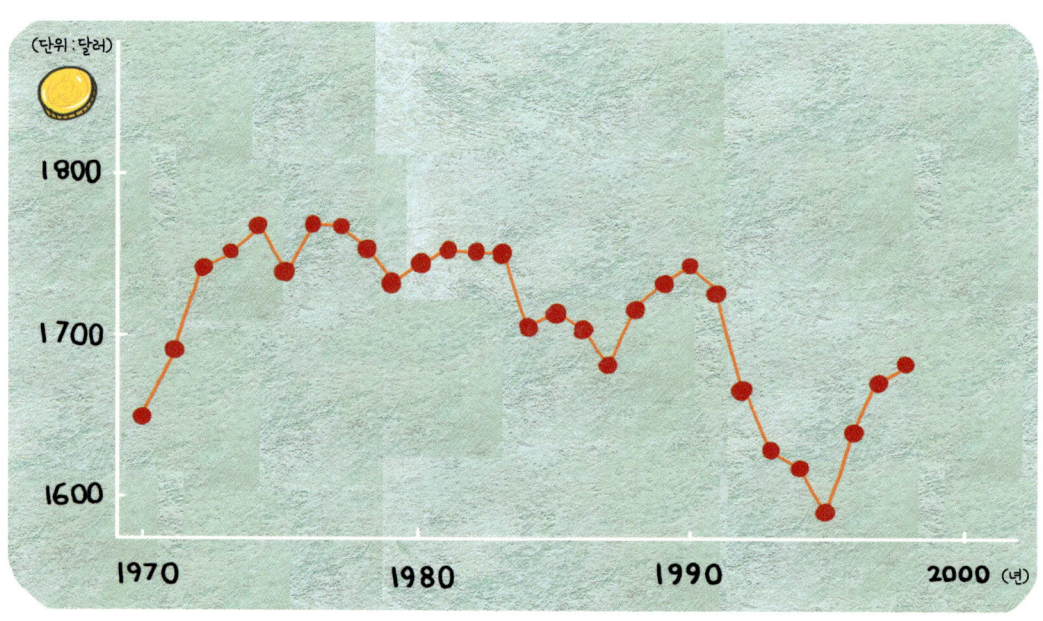

사하라 이남 아프리카 지역의 1인당 국내총생산 Our World in Data, 2010년

라로 가 버렸어요. 가난한 농민은 정부의 지원이 줄자 농사를 제대로 짓기 어려워졌지요. 농사를 지으려면 씨앗과 비료를 사야 하는데 가난한 농민에게는 그럴 만한 돈이 없었거든요. 결국 2000년대 초반에 사하라 사막 남쪽의 아프리카는 1970년대 중반보다 훨씬 살기 힘든 지역이 되었어요. 높은 경제 성장을 이룩한 다른 지역과는 달리 사하라 이남 아프리카 지역의 빈곤은 1970년대보다 1990년대에 더 증가했고, 가난한 사람들의 실질 소득도 줄어들었지요. 이 지역의 평균 기대 수명도 전 세계에서 가장 낮은 50세 이하에 그대로 머무르게 되었고요.

세계화와 가난한 나라, 가난한 사람들

세계화는 가난한 사람들의 일상도 바꾸어 놓았어요. 작은 바닷가 마을에 사는 어부의 삶이라 해도 세계화의 흐름과 관계가 없지 않을 정도였으니까요. 어떻게 영향을 받았냐고요?

한 영국 청년이 아프리카 카메룬의 바닷가 마을을 여행하고 있었어요. 이 청년은 마을 사람들이 통나무배를 타고 낚시하는 모습을 보며, 그들이 싱싱한 도미를 잡아 가족의 저녁 식탁에 풍성한 생선 요리를 올리는 모습을 상상했어요. 그런데 알고 보니 마을 어부들은 도미 같은 싱싱한 생선이 아니라 딱딱하게 말려서 살이 거의 없는 생선을 먹고 있었어요. 청년은 이곳에서 도대체 무슨 일이 벌어지고 있는 것인지 의아했지요.

마을 어부들이 전해 준 사정은 이래요. 어부들은 조상 대대로 마을 앞 바닷가에서 고기를 잡아 생계를 이었어요. 바다에서 물고기를 잡아도 된다는 특별한 허가권 같은 것은 필요하지 않았지요. 바다는 아주 오래전부터 마을 사람들의 삶을 지켜 주는 공동 재산이었고, 어부들은 생계를 잇는 데 꼭 필요한 만큼만 물고기를 잡아서 먹고 나머지 생명체를 보호하며 바다 생태계를 보존하려 애썼거든요.

그런데 어느 날 중국 어선이 마을 앞 바닷가로 들어오더니 앞으로는 중국 배만 물고기를 잡을 수 있다고 했어요. 카메룬 정부가 바다에서 물고기를 잡을 수 있는 독점 허가권을 중국의 어업 회사에 팔았다는 거예요. 마을 어부들은 독점 허가권의 뜻조차 이해할 수 없었지

만, 정부와 중국 기업들에 쫓겨 바다에서 밀려날 수밖에 없었어요.

지금은 어업으로 생계를 잇기는커녕 가끔씩 통나무배를 타고 나가 겨우 작은 물고기 몇 마리를 잡을 뿐이에요. 어쩌다 운 좋게 잡은 큰 물고기는 모두 시장에 내다 팔아 돈을 마련해야 하고요. 그 돈으로 옷도 사고 학용품도 사야 하니까요. 그러니 마을 어부들의 식탁에는 멀리 떨어진 다른 나라에서 들여온 값싼 말린 생선이 오를 수밖에 없게 된 거지요.

바닷가 마을에 사는 사람이 자기 집 앞 바다에 넘쳐나는 큰 물고기를 잡을 수도 없고, 자신이 잡은 물고기를 맛볼 형편도 안 된다니! 중국 어업 회사의 배들은 국경을 자유롭게 넘나들며 카메룬의 바닷가에서 돈을 버는데, 정작 카메룬의 가난한 어부는 형편이 더 어려워졌어요. 누구를 위한 세계화인지 묻지 않을 수 없네요!

싼 티셔츠 뒤에 숨겨진 어두운 진실

앞에서 신자유주의 세계화의 시대에는 기업이 나라를 옮겨 다니며 돈을 벌기는 쉬워지고, 정부가 기업을 규제하거나 국민들을 보호하기는 어려워졌다고 했지요? 한 나라에서 시작하여 여러 나라에 뿌리를 내리고 사업하는 기업을 '다국적 기업'이라고 해요. 신자유주의 세계화의 시대는 다국적 기업의 시대라고 할 수 있을 정도로 기업의 힘이 막강해요.

기업은 어느 곳에서든 더 팔릴 제품을 더 싸게 만들어서 더 많은 이윤을 남기려고 해요. 그러다 보니 각 나라 노동자들은 서로 더욱 치열하게 경쟁해야 해요. 어떤 기업의 인도 공장에서 노동자들이 말을 잘 안 듣고 불평이 심하면 기업은 바로 공장을 근처의 다른 나라로 옮겨 버릴 테니까요. 그렇게 되면 노동자들은 순식간에 직장을 잃고 경제 사정은 더욱 어려워지겠지요. 사정이 이러하니 각 나라 정부도 기업에 협력해서 잘 보이려고 할 거예요. 노동조합 활동을 보장해 주거나 환경과 안전에 대한 규제를 통해 노동자를 보호하는 데는 소홀하겠지요. 이러한 변화로 남반구의 가난한 사람들은 점점 더 위험한 일터로 내몰리고 있어요.

2013년 방글라데시에서 의류 공장 붕괴 사고가 일어났어요. 이 사고로 1천 명이 넘는 사람들이 목숨을 잃었는데, 이들 대부분은 이제 갓 스무 살을 넘긴 젊은 여성들이었어요. 이들은 시골 마을에서 초등학교나 중학교만 졸업하고 가족을 먹여 살리기 위해 도시로 나와 혹독한 환경에서 묵묵히 일했어요. 이들이 버는 월급 4만 원이 한 가족의 생계를 책임지고 있는 경우도 많았거든요.

사고가 나던 날에도 이들은 공장 벽에 금이 간 걸 알면서도 작업을 독촉하는 공장주에 떠밀려 어쩔 수 없이 공장에 나갔어요. 그들이 공장이 안전하지 못해서 일을 할 수 없다고 하면 공장은 문을 닫고 다른 나라로 옮겨 가고 말 테니까요.

이들이 만든 옷은 미국과 유럽, 일본이나 한국으로 수출되어 값싸게 팔릴 것들이었지요. 아니나 다를까, 위험했던 공장이 무너지는 사고가 발생해서 많은 사람들이 크게 다치거나 죽었어요. 방글라데시 노동자들은 "서양의 대형 마트에서 '하나 사면 또 하나는 공짜(1+1)'라고 크게 붙여 놓고 판매하는 이 옷들은 사실 공짜가 아니라 우리의 눈물과 땀이다!"라며 울분을 터뜨렸지요. 이들은 외국 기업들이 임금이 싼 방글라데시에 공장을 짓고 최소한의 안전 기준도 지키지 않은 채 옷을 만들어서 번 돈은 모두 선진국의 소비자와 기업에 돌아갈

뿐이고, 가난한 나라의 노동자는 목숨 걸고 일을 하고도 제 몫을 받지 못해 가난에서 벗어날 수 없다며 분노했어요.

우리가 15,600원짜리 티셔츠 하나를 사면 상표를 붙인 기업이나 대형 의류 매장이 9,290원을 챙기는 데 반해, 그 옷을 만든 공장 노동자들에게는 겨우 130원이 돌아갈 뿐이에요. 이처럼 세계화로 인해 선진국 기업과 소비자들은 이득을 얻는데, 가난한 나라 사람들은 더욱 열악하고 위험하고 가혹한 노동에 시달리고 있어요. 가난한 사람들을 눈물짓게 하면서 조금이라도 더 많은 이익을 얻으려 덤비는 기업에게서 이들을 지켜 주기엔 가난한 나라 정부의 힘이 약하거든요.

선진국 정부와 국제 금융 기구들이 강요한 신자유주의 세계화로 인해 가장 큰 대가를 치른 사람은 결국 누구일까요? 이들은 국제 금융 기구로부터 무분별하게 돈을 빌려 쓴 아프리카 나라의 정부나 외국 은행에 비밀 계좌를 가진 부패한 정치인, 기업인들이 아니에요. 바로 당장 끼니를 잇기 어려운 가난한 사람들, 조상 대대로 삶의 터전으로 삼던 땅과 바다를 빼앗긴 사람들, 아이들을 학교에 보내지 못하고 보건소에도 제때 갈 수 없게 된 사람들, 열악한 공장에서 하루 15시간이 넘도록 일해야 하는 사람들이에요. 그런데 바람직한 세계화의 모습이나 남반구 지역의 발전을 논의하는 국제 금융 기구의 회의장에는 이들의 목소리가 전혀 전해지지 않으니 안타까운 일이지요.

7. 세계의 빈곤과 식량 문제

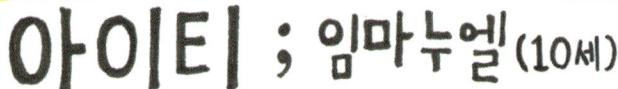

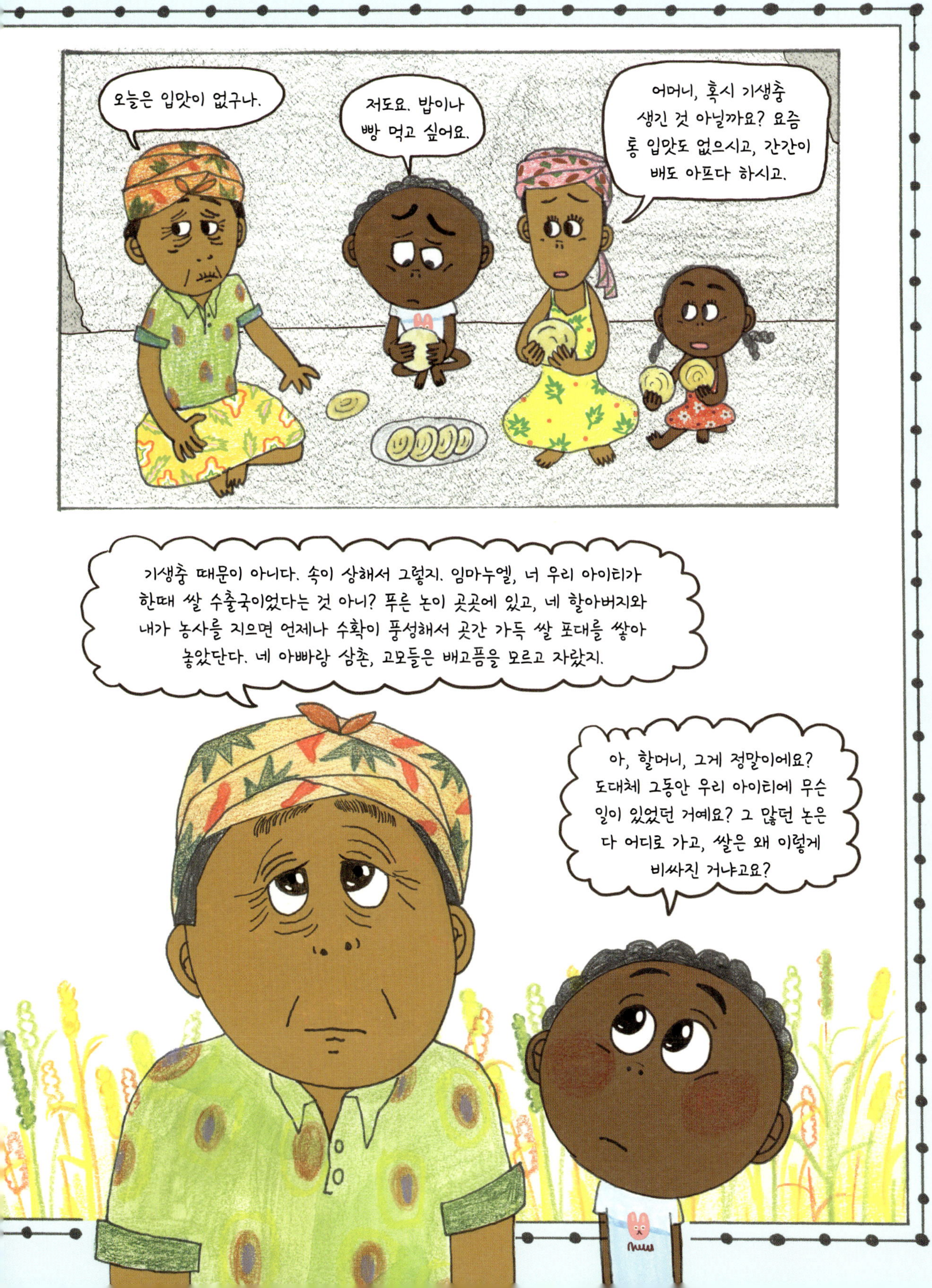

진흙 쿠키를 먹게 된 아이티 아이들

아이티에 대체 무슨 일이 일어난 걸까요? 진흙으로 쿠키를 만들어 먹는다니요? 놀라운 사실은 아이티가 한때 쌀을 수출할 만큼 농업이 성장했었다는 겁니다. 그랬던 아이티의 농업이 무너진 건 불과 30년 사이의 일이에요. 문제는 1980년대에 아이티 정부가 국제통화기금에서 돈을 빌리면서 시작됐어요. 국제통화기금에서는 돈을 빌려주는 조건으로 아이티 정부에 국내 쌀 시장을 외국에 개방하라고 강요했어요. 한마디로 보호 관세를 줄이라는 거였지요.

보호 관세가 뭐냐고요? 아직 경쟁력이 약한 국내 시장을 보호하기 위해 정부가 치는 방패막이 같은 거예요. 농업이 얼마만큼 기계화되었는지, 정부가 농부에게 얼마나 많은 생산 보조금을 주는지에 따라 똑같이 쌀 100킬로그램을 수확한다고 해도 거기에 들어가는 비용이 다르고, 결과적으로 농부가 시장에서 받아야 할 가격이 달라져요.

예를 들어 농업이 전부 기계화되고 정부가 보조금을 많이 주는 미국에서는 쌀 100킬로그램을 생산하는 데 겨우 8만 원이 들어요. 반대로 농부의 손이 일일이 가야 하는 아이티에서는 쌀 100킬로그램을 생산하는 데 9만 원이 들고요. 이런 상황에서 아이티 정부가 자기 나라의 농업과 농민을 보호하려면 어떻게 해야 할까요?

아이티 농부들이 정성 들여 수확한 쌀은 시장에서 적어도 100킬로그램당 10만 원은 받아야 해요. 그래야 농부에게 1만 원의 이익이 남으니까요. 하지만 생산하는 데 8만 원이 들어간 미국 농부는 9만 원에 팔아도 1만 원의 이익이 남지요. 10만 원짜리 쌀과 9만 원짜리 쌀이 시장에 놓여 있으면 소비자는 어떤 쌀을 살까요? 보통은 9만 원짜리 쌀을 사겠지요. 그러니 100킬로그램당 9만 원을 받아도 이윤이 남는 미국산 쌀이 아이티 시장에 마구 쏟아져 들어오지 않도록 일종의 방패를 만들어야 해요. 그래서 미국산 쌀이 아이티에 들어올 때 아이티 정부가 관세 2만 원을 붙이면 결국 미국산 쌀 가격은 11만 원이 되거든요. 이렇게 되면 아이티 사람들은 시장에서 11만 원 하는 미국산 쌀보다 아이티 농민들이 생산한 10만 원짜리 쌀을 더 많이 살 테지요.

그런데 국제통화기금이 아이티 정부에 이런 방패막이를 없애라고 요구했어요. 이들은 공정한 경쟁을 위한 조치라고 했지만, 실제로는 아직 미국만큼 탄탄하지 않은 아이티 농업을 죽이는 결과를 가져왔지요. 미국산 쌀에 붙이는 관세가 없어지자 아이티 시장에서 미국산

쌀이 100킬로그램당 9만 원에 팔리게 되었어요. 사람들은 당연히 조금이라도 값이 싼 쌀을 사려고 했지요. 한편 아이티 농부들은 미국산 쌀과 똑같이 9만 원을 받고서는 도저히 쌀을 팔 수 없었어요. 벼농사에 들어가는 비료, 종자 구입비만 해도 9만 원이 드는데, 쌀을 9만 원에 팔면 결국 인건비는 단 1원도 받지 못하는 거잖아요. 결국 아이티 농민들은 농사를 포기하기에 이르러요.

미국이 더 많은 쌀을 더 싼 값에 아이티에 수출할수록 아이티에서는 점점 더 많은 농민들이 땅을 버리고 도시로 나가 빈민촌을 이루고 살았어요. 한때는 제 손으로 농사를 짓던 사람들이 이제 도시에서 하루 품삯을 벌어 봉지 쌀을 사서 끼니를 이을 수밖에 없는 처지가 된 거예요. 2000년대 초반이 되자 미국 쌀에 대한 아이티 사람들의 의존도는 아주 높아졌어요. 아이티 정부가 외국과 무역을 해서 버는 수입의 80퍼센트를 미국산 쌀을 사는 데 쓸 정도였지요. 그러니 아이티 정부는 학교를 짓거나 보건소를 운영할 돈이 부족할 수밖에 없었고요.

최악의 상황은 2008년에 일어났어요. 미국에 가뭄이 닥쳐 쌀 생산이 확 줄었어요. 미국은 당연히 쌀값을 올렸고, 미국 자본의 농기업들은 값이 더 오르기를 기다리며 쌀을 창고에 쌓아 둔 채 팔지도 않았어요. 이미 가진 돈이 별로 없던 아이티 정부는 값비싼 쌀을 수입할 수 밖에 없었지요. 결국 아이티의 도시 빈민들이 굶주리는 사태가 벌어졌어요. 사람들은 쌀 대신 진흙 쿠키로 허기를 달래거나 일부 지역에서는 폭력 시위를 벌이기도 했어요. 게다가 2010년에는 아이티에서 대규모 지진까지 발생하면서 아이티를 세상에서 가장 가난하고 배고픈 나라로 만들어 버렸지요.

가난은 아이티 사람들 탓이 아니에요

아이티의 경우를 보니 어떤 생각이 드나요? 가난과 굶주림이 아이티 사람들만의 책임이 아니라는 것만은 분명해요. 돈이 부족한 나라에 돈을 빌려주는 국제통화기금 같은 국제 금융 기구가 강요한 무역 정책이 결국 아이티 농민들이 농사를 포기하게 만들었지요. 이는 미국 정부의 농업 정책과도 관련이 있고요. 그 결과는 어땠나요? 세계

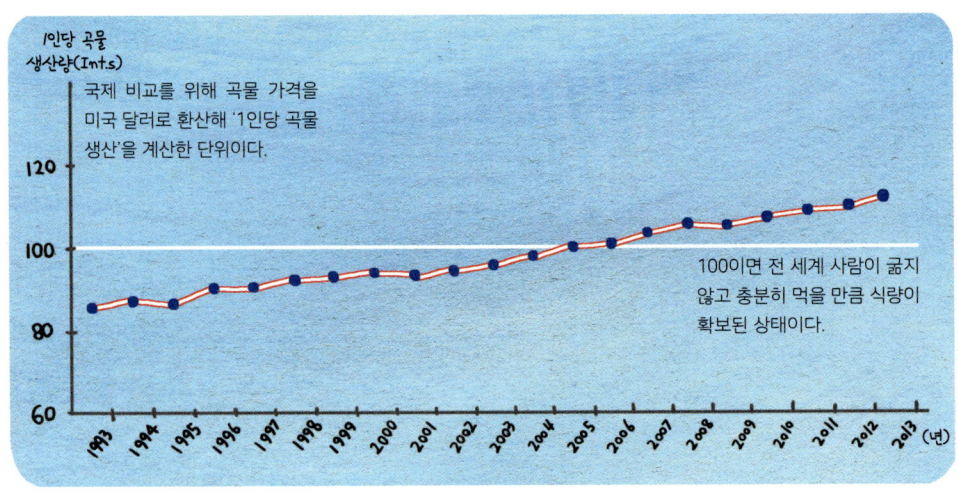

전 세계 식량 생산량 향상 추이 유엔식량농업기구, 2013년

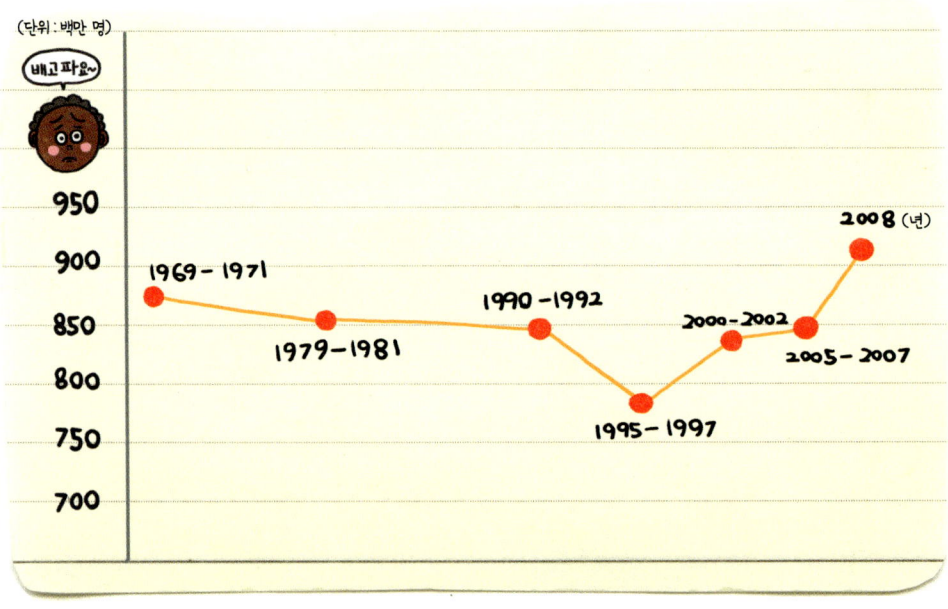

영양실조를 겪는 사람 유엔식량농업기구, 2011년

2005년을 기점으로 전 세계 식량 생산량이 전 세계 사람들이 굶지 않고 충분히 먹을 만큼 되었지만, 영양실조를 겪는 사람은 오히려 늘어났다. 여전히 굶주리는 사람이 많은 이유가 세계 식량 생산이 충분하지 않아서인 것은 아니라는 뜻이다.

시장에서 식량 가격이 갑자기 크게 오르자 아이티 사람들은 굶주림을 겪을 수밖에 없었던 반면, 미국의 농업 회사들은 식량 가격을 더욱 올려 받으며 더 큰 이익을 얻었지요.

이런 일은 아이티에서만 일어나는 게 아니에요. 유엔식량농업기구(FAO:United Nations Food and Agriculture Organization)의 2010년도 조사에 따르면, 전 세계에서 굶주림을 겪고 있는 사람들이 9억 2,500만 명이나 된대요. 지구 상에 살고 있는 사람 7명 가운데 1명이 심각한 영양실조 상태에 있다는 의미예요. 특히 5세 미만 어린이에게 영양실조는 배고픔을 넘어 생명을 위협하는 질병이기도 하니 더욱 문제이지요. 끼니를 제때 먹지 못해 몸이 허약해지면 병균이 침투했을 때 버텨 낼 힘이 없어서 설사나 폐렴같이 쉽게 치료할 수 있는 질병으로도 목숨을 잃게 돼요. 바로 이런 이유로 5초에 1명의 어린이가 세상을 떠난다니, 화가 나고 안타까워요.

도대체 왜 이런 비참한 일이 생기는 걸까요? 지구 상에 식량이 모자란 것일까요? 경제학자들과 농업학자들은 현재 수준의 농업 생산량으로 전 세계 인구의 두 배에 가까운 120억 명이 충분히 먹을 수 있다고 해요. 식량이 충분히 있는데도 모든 사람에게 고르게 돌아가지 못하는 분배 구조가 오히려 문제라는 것이지요. 이를 '세계 식량 체계의 문제'라고 해요. 자기 나라 농부들에게 엄청난 보조금을 주며 값싼 식량을 생산하는 선진국, 이들의 편에 선 국제 금융 기구, 그리고 선진국이 소유한 농기업이 자기들만의 이익을 위해 세계의 식량 배분을 쥐락펴락하고 있어요.

곡물 가격을 농민이 결정할 수 없어요

특히 세계 시장에서 갈수록 식량 배분을 쥐락펴락하는 선진국의 농기업들이 문제예요. 앞서 살펴본 것처럼 남반구 나라들은 대부분 식량 수입국이에요. 국제 금융 기관의 강요로 자기 나라 시장을 개방하고, 그 여파로 자기 나라 농업은 손도 쓰지 못할 만큼 약해져 버린 경우가 많으니까요. 이런 상황에서 세계 시장의 식량 가격이 갑자기 올라 버리면 힘없는 사람들은 꼼짝없이 당할 수밖에 없어요. 정말 굶을 수밖에 없는 것이지요.

이들은 남반구의 가난한 농부들에게서 싼값에 곡물을 사들여 비싼 값에 되팔아요. 이 과정에서 농부들에게 돌아갈 몫을 가로채고 있지요. 이들은 엄청난 분량의 곡물을 오랫동안 상하지 않게 보관할 창고 시설과 먼 곳까지 운반할 수 있는 배도 가지고 있어요. 이를 이용해서 가난한 나라의 농부들이 쌀을 수확하는 시기에 맞춰 헐값에 쌀을 사들여 쌀값이 오를 때까지 보관하고 있다가 비싼 값에 되팔기도 해요. 또 선진국의 농부가 정부의 보조금을 받아 생산한 값싼 쌀을 사들여 가난한 나라에 비싸게 되팔기도 하고요.

이런 구조의 부작용은 2007~2008년, 2010~2011년에 세계 곡물 시장에서 식량 가격이 갑자기 큰 폭으로 올랐을 때 아주 분명하게 드러났어요. 세계 시장에서 식량 가격이 갑자기 오르자 남반구의 빈곤층이 곧바로 피해를 입었어요. 이들 빈곤층은 보통 때에도 수입의 50~80퍼센트를 식량 구입에 쓰고 있는데, 식량 가격이 오르자 더는 버틸 수가 없었던 거예요. 많은 경제학자들과 농업학자들은 식량 가격이 갑자기 크게 오른 주요 원인으로 선진국이 소유한 농기업의 독점과 투기를 지적했어요.

유엔식량농업기구는 2009년 한 해 동안 심각한 영양실조에 시달리는 사람이 1억 5천 명이나 증가했다고 발표했는데, 이는 정보를 수집한 이래 가장 많이 증가한 것이었어요. 영양실조를 겪는 사람의 수가 줄기는커녕 오히려 늘어난다니 정말 답답한 일이지요.

굶주리는 사람을 돕기 위한 방법으로 식량 원조를 떠올린 친구들이 있나요? 북반구 나라에서는 식량이 남아돌아 음식물 쓰레기가 산더미를 이루는데, 남반구 나라에서는 먹을 것이 없어 사람들이 굶어 죽어 가고 있다면, 한쪽의 남는 식량을 다른 쪽에 전해 주는 것이 아주 자연스러운 해결책이겠죠? 우리나라도 한국 전쟁이 끝난 뒤 1956년부터 1981년까지 25년 넘게 미국에서 식량 원조를 받았어요.

그런데 한편에서는 식량 원조가 가난한 나라의 식량 사정을 더욱 어렵게 만든다는 비판이 끊이지 않아요. 부유한 나라에서 가난한 나라에 식량을 무상으로 주면 마냥 좋을 것 같은데, 대체 왜 이런 이야기가 나오는 걸까요?

미국은 1954년 '농업 무역 발전 및 원조법(PL 480호)'을 통과시키고 식량 원조를 시작했어요. 법 이름에서 알 수 있듯이 식량 원조의 가장 큰 목적은 가난한 나라를 도와주는 것이 아니라 '미국 농업 무역의 발전'이에요. 미국 농부들은 정부로부터 비료와 씨앗 등을 싼값에 지원받아 모든 국민이 먹고도 남을 많은 곡물을 생산하게 되었어요. 그러니 남아도는 곡물을 외국 시장에 팔아야 했지요. 그래야 미국 국내 시장에서 곡물 가격이 곤두박질치지 않고 적정하게 유지될 수 있으니까요.

미국의 1석 3조 식량 원조

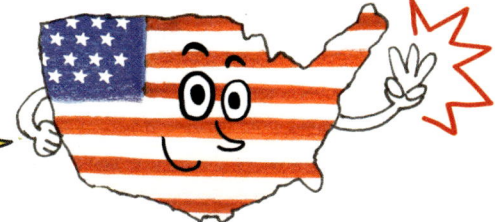

남아도는 곡물을 소비하고,

미래에 곡물을 수출할 시장을 만들 수 있다.

그 과정에서 운송 회사와 농산물 가공 기업은 돈을 번다.

보통 '식량 원조'라고 하면 굶주리는 사람의 생명을 지키려는 따뜻한 마음에서 나온 것이라 여기기 쉽지만, 실은 이처럼 경제적 동기도 숨어 있어요. 그런데 식량 원조가 왜 가난한 나라의 식량 주권을 더욱 약하게 만드냐고요? 한번 식량 원조를 받은 나라는 장기적으로 미국 농산물을 수입하는 나라가 될 가능성이 높거든요. 그 나라 농업은 힘을 잃고 무너지기 쉽고요.

내가 조사한 바에 따르면, 1996년 미국 농산물을 수입한 나라 가운데 90퍼센트가 한때 미국에서 식량 원조를 받은 나라였어. 무상으로 원조를 받거나 어떤 이유에서든 자기 나라 농산물보다 싸게 들어오는 수입 농산물이 많아지면서, 농사를 지어 봤자 수익이 나지 않는 남반구의 농부들은 점점 농사를 포기하게 되지. 농사를 포기하니 당연히 또 곡물을 수입하는 악순환이 계속되는 것이고.

식량 원조는 입맛도 좌우해요

　세상 모든 사람은 어디에서 태어났든, 재산이 많든 적든 극심한 배고픔을 겪지 않고 인간답게 살 권리가 있어요. 그런데 사람의 생명과 직접 연결되어 있는 식량을 그저 마음대로 사고파는 하나의 상품으로만 여기니 문제인 것이지요. 세계의 빈곤과 굶주림을 해결하기 위해서는 식량을 상품이 아닌 권리로 보려는 노력이 필요해요.

　한 나라가 국민이 건강하고 문화적으로도 적합한 먹거리를 안정적으로 생산할 수 있는 권리를 '식량 주권'이라고 해요. 앞의 만화를 보면 무상으로 들어와 그저 고맙게만 보였던 식량 원조가 그리 길지 않은 시간에 제 나라의 식량 주권을 약하게 만들고 농사를 포기하게 만드는 무서운 결과를 낳았다는 것을 알 수 있어요. 농사를 포기하면 그 뒤에는 다른 나라 농산물을 더 비싸게 사 먹어야 하는 어처구니없는 상황이 돼요. 먹지 않고 살 수는 없으니까요. 그러니 무상 식량 원조가 늘 선한 마음에서만 행해지는 것은 아니라는 거지요.

　또 식량 원조는 사람들의 입맛을 바꿔 놓기도 해요. 미국은 서아프리카 여러 나라에 식량 원조로 밀가루를 주고 빵 공장도 세워 주었어요. 이 지역은 기후 조건 때문에 밀 농사를 짓기 어려운 곳이었는데도 말이에요. 시간이 지날수록 부드러운 밀가루와 빵 맛에 길들여진 사람들은 해외에서 수입한 밀가루만 찾기 시작했고, 지역 농부들은 소득이 줄어 차츰 농사를 포기하게 되었지요. 결국 서아프리카 나라

들은 수입 식량에 의존하는 처지가 되었어요.

한국에서도 비슷한 일이 일어났어요. 한국은 1960년대부터 미국에서 식량 원조로 밀가루를 값싸게 공급받고, 미국의 지원을 받아 빵, 라면, 과자 만드는 공장을 세웠어요. 쌀밥에만 익숙하던 한국 사람들은 차츰 밀가루 맛에 길들여져 시장에서 밀가루를 찾게 되었지요. 그런데 정작 한국 농민은 밀 농사를 포기하고 말았어요. 정성껏 밀을 키워 봐야 값싼 미국산 밀과 경쟁할 수 없었으니까요. 그 결과 50년이 지난 지금 어떤 일이 벌어졌을까요?

요즘 어린이들은 빵이나 과자처럼 밀가루를 주재료로 한 음식을 좋아하지요? 빵이나 과자 포장지 뒷면에 적힌 밀가루 원산지 표시를 한번 찾아보세요. 대부분이 미국과 캐나다 등에서 들여온 수입 밀가루예요. 우리 밀 표시는 찾기 어렵지요. 2011년에 조사해 보니, 한국인 한 명이 1년 동안 먹는 밀은 35킬로그램 정도로 많은 양인데, 한국의 밀 자급률은 2퍼센트도 채 안 됐어요. 나머지 98퍼센트는 외국에서 수입한다는 것이지요. 그만큼 우리나라도 밀에 대한 식량 주권이 낮고, 세계 시장에 의존하는 정도가 크다는 거예요.

이런 현상이 왜 문제냐고요? 한국처럼 경제적으로 성장한 나라는

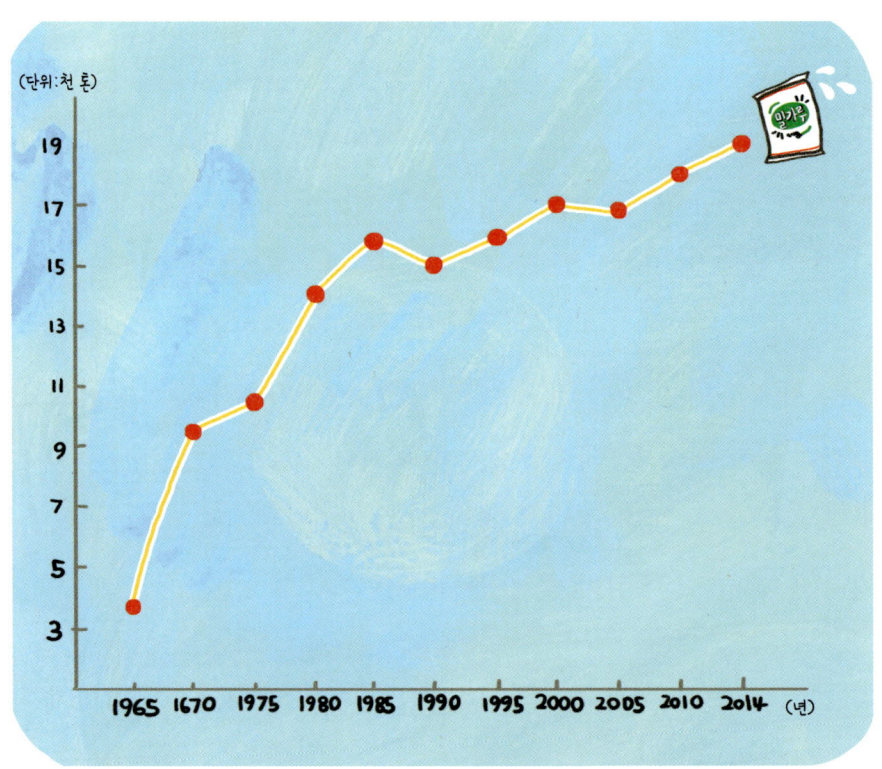

한국인의 밀가루 총소비량 통계청, 2014년

세계 시장에서 곡물 가격이 높아져도 직접적인 타격을 받지는 않아요. 라면이나 과자 값이 조금 오르는 정도이지요. 하지만 아이티, 말리, 니제르, 파키스탄처럼 가난한 나라는 사정이 달라요. 2008년과 2010년에 세계 시장에서 곡물 가격이 치솟자, 이 나라들은 국민들에게 필요한 만큼의 식량을 수입할 수 없는 처지가 되었어요. 가난한 사람들은 당장 끼니를 줄여야 했지요. 아이들을 학교에 보내는 대신 일터로 내몰 수밖에 없었고, 급기야는 정부에 항의하는 폭력 시위가 일어났어요. 일부 지역에서는 굶주림으로 수만 명이 목숨을 위협받는 사태까지 갔지요. 식량 원조가 가난한 나라에 도움이 되기는커녕 식량 주권을 약하게 하고 입맛까지 바꾸어 그 나라의 농업을 무너뜨린 거예요. 식량 원조가 가난한 사람을 더 굶주리게 하는 최악의 결과를 가져온 것이지요. 정말 놀랍고 무서운 이야기예요!

식량은 상품이 아니라 권리예요

대체 어떻게 해야 세계의 굶주림을 해결할 수 있을까요? 식량 원조가 도움이 되기는커녕 그 나라에 해가 된다니, 어쩐지 문제만 점점 복잡해지고 해결책은 더욱더 보이지 않는 기분이 들어요. 머리가 지끈지끈 아픈 것도 같지요.

그런데 어찌 보면 답은 아주 간단해요. 남반구 나라의 농업이 발전해서 그 혜택이 가난한 사람들에게 골고루 돌아가면 되는 거잖아요.

물론 여기서 말하는 농업 발전이란 수확량을 끌어올리는 기술 발전뿐만 아니라, 식량을 생산하고 나누는 방식의 변화까지 이야기하는 거예요. 농업 발전이 궁극적으로는 식량 주권이 강해지는 것과 연결되어야 하니까요. 이를 위해 몇 가지 상황을 상상해 볼까요?

만약 전체 농민의 70~80퍼센트를 차지하는 가난한 남반구 농민들이 자신의 땅에 대한 권리를 갖는다면 어떨까요? 대지주의 농장에 나가 아주 적은 품삯을 받고 북반구에 수출하기 위한 코코아, 커피, 면화 농사를 짓는 대신 자기 땅에서 제 식구와 이웃이 배부르게 먹을 수 있는 곡식을 키운다면 굶주리는 사람들이 많이 줄어들겠지요. 농민이 농사지을 땅에 대한 권리를 갖는 것이 농업 발전의 출발점이에요.

땅에 대한 권리 말고도 농사지을 종자와 비료를 고르고 농사의 방식을 결정할 수 있는 권리도 필요해요. 가난한 농민들이 선진국의 농기업에서 값비싼 씨앗을 사는 대신 토종 씨앗으로 농사를 짓고, 자연에서 얻은 유기 비료로 땅을 가꾼다고 생각해 보세요. 농사를 짓는 데 돈이 적게 들 뿐만 아니라 그 지역 환경에 더 적합한 곡물들이 자라겠지요.

가난한 농부들에게 직접적으로 도움이 되는 농업 기술을 더 많이 보급하면 어떨까요? 농사를 지으려면 물이 아주 많이 필요한데 사하라 사막 남쪽 아프리카에서는 전체 농지의 4퍼센트만 물을 끌어오는 시설을 갖추고 있어요. 이런 시설이 없는 땅은 아주 메마르고 거칠

뿐만 아니라 갈수록 변덕스러워지는 강수량에 대비할 수 없으니, 농사를 제대로 지을 수 없지요. 또한 이 지역에는 수확한 곡물을 깨끗하고 안전하게 보관할 창고와 기술도 부족해요.

한 연구에 따르면 이런 나라에서는 수확한 곡물의 25~50퍼센트가 식탁에 오르기도 전에 상하거나, 해충이나 곰팡이 따위에 오염되어 버린대요. 이런 문제를 극복하려면 큰 비용이 들지 않으면서도 쓸모 있는 농업 기술을 더 많이 보급해야 해요. 전기가 부족한 곳에서도 쓸 수 있는 시설, 곧 발로 페달을 밟아 땅 깊은 곳의 물을 끌어 올리는 펌프나 태양열을 이용한 곡물 건조 시설 등이 대표적인 예이지요. 이런 기술이 있으면 수확량도 늘릴 수 있고, 수확한 곡물을 깨끗하고 안전하게 보관할 수 있어 굶주림을 줄이는 데 아주 큰 도움이 돼요. 그런데 이제껏 이런 기술은 값싸고 쉬운 기술로 여겨져서 크게 주목받지 못했어요. 기업의 입장에서 보면 이런 기술들은 값이 싸서 이로 인해 얻을 수 있는 경제적 이익이 적기 때문이지요.

정말 중요한 한 가지가 더 있어요. 남반구에서 농업 발전이 이루어지는 것과 더불어 북반구에서도 변화가 꼭 필요해요. 앞서 살펴본 것처럼 세계의 빈곤과 굶주림은 남반구와 북반구가 서로 긴밀하게 얽인 세계 식량 체계 때문에 생겨난 문제이니까요. 앞에서는 식량 원조로 남반구의 가난한 사람들을 돕는 척하면서 뒤로는 이들을 더욱 약하게 만드는 선진국의 농업 정책, 농산물 무역 정책을 남반구 나라들에 강요해서는 안 되겠지요. 북반구 나라들이 제 입장만 생각하는 무책임하고 위선적인 행동을 그만두는 것도 꼭 필요하지요. 예를 들면 바이오 연료 생산을 둘러싼 문제가 있어요.

선진국의 가격 장난과 바이오 연료 정책

경제학자들과 농업학자들은 2008년에 세계 시장에서 곡물 가격이 갑자기 오른 이유 가운데 하나로 선진국의 바이오 연료 정책을 들었어요. 바이오 연료는 값비싼 석유를 대신해 사탕수수나 밀, 옥수수 같은 곡물을 가공해서 연료를 생산하는 방식이에요. 고갈되어 가는 석유를 대신해 곡물로 에너지를 만든다고 하니, 선진국에서는 점점 심각해지는 기후 변화에 대응할 수 있는 환경 친화적 기술이라며 크게 환영했어요. 선진국 소비자들 처지에서도 석유 에너지를 많이 사용하는 생활 방식을 바꾸지 않아도 된다고 하니까 매우 반갑고 만족스러웠겠지요.

그런데 미처 생각하지 못한 것이 있었어요. 바이오 연료를 만들기 위해서는 아주 많은 토지와 물, 그리고 에너지가 필요하다는 사실이었지요. 사탕수수를 발효시켜 만드는 바이오에탄올 연료를 생산하려면 어마어마한 양의 물과 석유가 필요해요. 곡물을 키울 토지와 비료도 엄청나게 많이 필요하고요. 2011년에만 1,000억 리터가 넘는 바이오 연료가 생산됐는데, 같은 해에 1억 헥타르의 농경지가 연료 생

산지로 탈바꿈했어요. 우리나라 국토 면적의 100배에 달하는 엄청난 땅이 식량을 생산하는 토지에서 연료 생산지로 바뀌었으니, 식량 생산량이 그만큼 줄어들었겠지요.

더 큰 문제는 선진국이 바이오 연료 생산을 위해 가난한 나라의 값싼 땅을 사들이는 탓에, 땅에 대한 권리를 제대로 보장받지 못한 농민들이 자신의 땅에서 쫓겨나 더욱 가난한 처지가 되었다는 사실이에요. 그런데도 선진국 정부와 막대한 자금을 가진 다국적 기업은 바이오 연료 생산을 새로운 투자로 보고 있어요. 결국 지금 이 순간에도 5초에 한 명의 어린이가 굶주림으로 목숨을 잃는 세상에서 수백만 톤의 식량을 연료로 태워 없애는 일이 벌어지고 있는 거예요. 지구 온난화에 따른 기후 변화의 근본 원인인 화학 에너지 사용량은 전혀 줄이지 않으면서 말이에요.

국제 인권 단체인 국제앰네스티(Amnesty International)는 그런 불공정을 이렇게 설명했어요.

"바이오에탄올로 달리는 중형차의 연료 통을 가득 채우려면 옥수수 358킬로그램이 필요하다. 이는 옥수수를 주식으로 하는 잠비아나 멕시코 어린이 한 명이 일 년 내내 배불리 먹을 수 있는 양이다."

식량이 왜 상품이 아니라 권리의 문제로 다루어져야 하는지 분명하게 드러내는 말이에요.

개발 원조는 필요해요

세계의 빈곤 문제는 어느 한 사람이나 어느 한 나라가 해결할 수 없어요. 구호 단체만의 노력으로 해결할 수 있는 것도 아니고요. 앞에서 보았듯이 세계의 빈곤이 물질의 부족이나 가난한 사람의 게으름에서 비롯한 것이 아니기 때문이에요. 빈곤은 세계의 부가 생산되고 분배되는 과정과 긴밀하게 엮여 있어요. 한마디로 빈곤은 우리가 사는 세상이 얼마나 정의로운지, 부와 권력이 얼마나 고르게 분배되어 있는지를 한눈에 보여 주는 지표라 할 수 있어요. 그러니 빈곤을 없애야 할 책임도 우리 모두에게 있지요.

빈곤을 줄이기 위해 세계 여러 나라가 어떻게 힘을 합칠 수 있을까요? 가장 먼저 떠오르는 것이 한 나라의 정부가 다른 나라의 정부를 돕는 공적개발원조(ODA:Official Development Assistance)예요. 북반구 나라의 정부들이 국민이 낸 세금으로 남반구 나라의 발전을 지원하는 거지요. 북반구 나라들은 개발 원조를 통해 남반구 나라에 식수 위생 시설이나 학교를 짓는 데 힘을 보태고, 경제 성장을 돕기 위한 자본과 지식을 전하기도 해요. 요컨대 개발 원조는 부유한 사람, 지역, 국가에서 세금을 걷어 가난한 사람, 지역, 국가로 부를 다시 나눠 주는 거예요. 또 사스나 에볼라 바이러스 같은 전염병이나 지구 온난화로 인한 기후 변화 같은 전 지구적 문제에 국제사회가 함께 대응하는 수단이기도 하고요.

한국은 특히 개발 원조와 인연이 깊어요. 한국은 1950년에 발발한 한국 전쟁 이후 폐허가 된 상황에서 개발 원조를 받아 산업을 일으킨 대표적인 성공 사례예요. 한국은 2010년에 원조를 주는 선진국의 모임인 경제협력개발기구(OECD:Organization for Economic Cooperation and Development)의 개발원조위원회(DAC:Development Assistance Committee)에 가입했어요. 그래서 원조를 받던 나라에서 원조를 주는 나라가 된 사례로 전 세계의 주목을 받았지요.

2000년 이후 국제사회에서 개발 원조는 주로 유엔(UN)이 정한 '새천년개발목표' 8가지를 달성하기 위해 쓰였어요. 새천년개발목표(MDGs:Millennium Development Goals)는 개발 원조를 어디에 써야 할지를 정한 국제사회의 약속이었어요. 2015년까지 하루 1.25달러 이하로 살아가는 절대 빈곤층의 수를 절반으로 줄이고, 전 세계 모든 아이들이 초등학교에 다닐 수 있게 하고, 5세 미만 아동의 사망률을 1990년의 3분의 2까지로 줄이자는 등의 약속을 포함하고 있지요.

그 결과는 어땠냐고요? 2015년까지 하루 1.25달러 이하로 살아가는 절대 빈곤층을 절반으로 줄이자는 목표는 이루어졌어요! 생명을 구하는 보건 분야에서는 특히 많은 진전이 있었어요. 새천년개발목표 덕분에 남반구의 가난한 마을에도 보건소가 생기고, 아이들이 예방 접종을 받을 수 있게 되었거든요. 그 결과 예방과 치료가 가능한 질병으로 아이들이 목숨을 잃는 안타까운 일은 많이 줄어들었어요.

1990년에서 2015년 사이에 전 세계에서 다섯 살이 되기 전에 사망하는 아이들 수가 절반으로 줄었다니 놀라운 성과예요!

좋은 원조와 나쁜 원조가 있어요

앞에서 보았듯이 개발 원조가 꼭 필요한 방법이긴 해요. 그런데 한편에서는 개발 원조가 언제나 빈곤을 없애는 만병통치약이 되는 것만은 아니라는 지적도 있어요. 좋은 의도를 갖고 잘 구성된 개발 원조는 가난한 나라에 도움이 되지만, 그렇지 못한 개발 원조는 오히려 가난한 나라를 더 어렵게 만들기도 하거든요.

무슨 소리냐고요? 개발 원조라고 하면 부자 나라가 가난한 나라에 아무런 대가 없이 그냥 제공해 주는 거라고 생각하기 쉽지만, 실제로는 그렇지 않은 경우가 많아요. 개발 원조에는 아무런 대가를 요구하지 않는 무상 원조도 있지만, 부자 나라 정부가 가난한 나라 정부에 일반 은행보다 싼 이자로 돈을 빌려주는 차관, 곧 '빌려주기' 개발 원조도 있어요. 가난한 나라 정부는 빌린 돈으로 도로, 공항, 항만 건설처럼 돈이 많이 드는 사업을 할 수 있고, 그 결과 경제 활동이 많아지면 가난에서 벗어날 수 있게 되지요.

그런데 과거에는 세계은행과 국제통화기금 같은 국제 금융 기구들이 이 '빌려주기' 원조를 근거로 가난한 나라에 지나친 영향력을 행사해 문제가 많았어요. 이들은 가난한 나라에 돈을 빌려주면서 특정한

조건을 달았거든요. 앞서 살펴본 것처럼 교육이나 보건 의료 분야의 공공 지출을 줄이라거나, 가난한 나라의 농산물 시장을 선진국 기업에 개방하라거나, 선진국의 제품과 기술을 수입하라는 등의 조건이지요. 가난한 나라 입장에서는 이런 요구를 받아들이지 않으면 돈을 빌릴 수 없게 돼요. 그렇다고 이런 요구를 다 들어주다 보면 그 나라의 복지나 경제 발전을 꾀하기가 점점 더 어려워지지요. 결국 어떤 선택을 하든 빚은 빚대로 쌓이고, 나라는 나라대로 제대로 발전하지 못할 가능성이 많아요. 아프리카와 아시아, 남아메리카 대륙에는 지금도 정부가 거둬들인 세금의 반 이상을 차관, 곧 빌린 돈을 갚는 데 써야 하는 나라들이 많아요. 때문에 정부가 교육, 보건 의료 부분을 챙기며 가난한 사람들의 기본권을 보장하는 일이 어렵지요.

국제 금융 기구와 선진국들이 가난한 나라의 부패하거나 폭력적인 지도자들에게 무분별하게 돈을 빌려줘서 생긴 '추악한 부채'도 문제가 돼요. 칠레 정부는 독재자 피노체트가 끌어온 빚을 지금도 갚고 있어요. 이 빚을 갚는 가난한 사람들은 그 돈을 본 적도 없는데 말이에요. 아프리카의 르완다도 20년 전 내전 때 무기를 사기 위해 선진국 정부에서 빌린 돈을 아직까지 갚고 있어요. 르완다의 가난한 농민들이 같은 민족을 죽이는 데 쓴 비용을 갚기 위해 지금도 가난에 시달리고 있다니 기막힌 상황이에요. 이런 경우 독재자나 부패한 세력에게 돈이 갈 줄 알면서도 돈을 빌려준 것이니, 돈을 빌려준 쪽의 책임도 분명 있는 것이지요!

그렇다면 차관을 비롯한 개발 원조가 남반구 나라의 발전을 위해 제대로 잘 쓰이기 위해서는 어떤 변화가 필요할까요? 가난한 나라에 부담을 지우는 '빌려주기' 개발 원조, 선진국에만 유리한 '조건을 붙인' 개발 원조는 줄이고, 가난한 나라의 처지에 서서 그들이 진짜 필요로 하는 것이 무엇인지 헤아려 보고 아무런 조건 없이 제공하는 개발 원조는 늘려야 해요. 가난한 나라 정부가 외국의 도움을 받지 않고도 스스로 제 국민을 보살필 수 있는 힘과 능력을 키워 주는 개발 원조도 더 많아져야 하고요. 가난한 나라들의 발전에 큰 걸림돌이 되는 막중한 부채와 추악한 부채 문제도 해결해야겠지요.

이 모든 과정에서 가장 중요한 것은 무얼까요? 바로 개발 원조를 주고받는 과정을 모두에게 투명하게 공개해야 한다는 거예요. 그래야 국제 금융 기구가 부당한 요구를 하지는 않는지, 가난한 나라 정부의 지도자가 개발 원조를 자신의 이익만을 위해 쓰지는 않는지 감시할 수 있으니까요. 결국 좋은 개발 원조를 위해서는 감시하는 시민의 힘이 가장 중요하다고 할 수 있어요.

시민의 힘으로 무엇을 할 수 있냐고요? 1990년대 후반에는 가난한 나라 정부에 빚을 면제해 주자는 운동이 전 세계적으로 활발하게 일어났어요. '주빌리 2000'이라고 하는 이 운동에는 노동자, 농민, 시민 단체 회원 등 십만 명이 넘는 사람이 모여서, 선진국 정부와 국제 금융 기구가 나서서 가난한 나라의 발전을 가로막는 진짜 원인인 부채 문제를 해결하라며 목소리를 높였어요.

이런 노력은 1999년에 열린 선진국의 모임인 G7(미국·일본·영국·프랑스·독일·이탈리아·캐나다 등 7개 선진국) 회담에서 '최빈국이 선진국에 진 추악한 부채의 상당 부분을 갚지 않아도 된다.'는 선진국 정부의 발표를 이끌어 냈어요. 이는 세계 곳곳에서 적극적으로 목소리를 내는 보통 시민들이 이뤄 낸 기적 같은 성과였어요. 이를 두고 영국의 사회 비평가 폴리 토인비는 '금세기 가장 성공한 캠페인'이라고 했지요.

개발 원조를 넘어 공정한 규칙이 필요해요

그런가 하면, 세계의 빈곤을 줄이려면 개발 원조를 넘어 더욱 근본적인 대책이 필요하다고 주장하는 목소리도 아주 커요. 북반구 나라가 남반구 나라에 마치 교통사고가 난 이후 피해자에게 보상금을 주듯 찔끔찔끔 개발 원조를 하는 것보다는 북반구와 남반구가 공정하게 경쟁할 수 있는 세계 경제와 무역의 구조를 만드는 것이 훨씬 더 근본적이고 중요하다는 지적이지요. 남반구로 흘러들어 가는 돈 가운데 개발 원조는 겨우 15퍼센트 정도만 차지할 뿐이거든요. 그보다 북반구 기업이 남반구에 공장을 세우는 직접 투자나, 남반구 사람들이 외국에 가서 일해 번 돈을 가족에게 보내는 송금이 차지하는 비중이 훨씬 커요.

앞에서 부자 나라와 가난한 나라 사이의 자유 무역을 프로 선수와 어린이 선수가 펼치는 축구 경기에 비유했지요? 앞에서 살펴본 것처럼 지금의 세계화는 두 팀의 실력 차이를 인정하고 약한 팀을 배려하기보다 오히려 강한 팀 선수들에게 유리한 경기 규칙을 갖고 있어요. 어린이 팀에게는 프로 팀 선수들이 어린 시절에 받았던 특별 훈련을 가르쳐 주지 않으면서 프로 팀 선수처럼 운동장에 나와 자유롭게 축구를 하다 보면 저절로 축구를 잘하게 된다고 거짓말을 하는 셈이지요.

가난한 나라에도 공정하고 자유로운 무역이 되려면 우선 가난한 나라의 정부가 보조금이나 보호 정책을 만들어서 그 나라 기업이 세계 무대에서 경쟁할 힘을 키울 수 있게 해 주는 것이 우선이에요. 그런데 부자 나라들은 이런 정부 보조금이나 보호 정책이 오히려 불공정하다고 불만을 터뜨리니 시작부터 공정하지 않지요.

   가난한 나라 정부들은, 얼핏 보기엔 공정한 것 같지만 실상은 전혀 공정하지 않은 선진국의 자유 무역을 문제 삼고 있어요. 부자 나라의 사회 경제 정책이 가난한 나라의 발전을 방해하고 있다고 목소리를 높이고 있지요. 겉으로는 원조를 하면서 속으로는 불공정한 경기 규칙을 무조건 강요하는 위선부터 멈추라는 거지요!

우리 공동의 미래를 위해 협력해요

결국 남반구 사람들이 원하는 것은 북반구 나라들의 도움이 아니라는 것이 분명해요. 남반구 사람들은 더 많은 개발 원조가 아니라 공정한 규칙을 원해요. 눈앞의 굶주림을 해결하는 것은 아무리 강조해도 지나치지 않은 중요한 목표이지만, 그것만으로는 결코 충분하지 않다며 목소리를 높이고 있어요.

앞으로 북반구와 남반구, 곧 세상 모든 사람들이 만들어 갈 세상은 어떤 모습이어야 할까요? 2015년 9월 유엔정상회의에서는 새천년개발목표가 끝나는 2016년 이후부터 세계가 나아갈 모습으로 '지속가능발전목표(SDGs:Sustainable Development Goals)'를 제시했어요. 이 목표는 2030년까지 전 세계에서 절대 빈곤을 모두 없애고 불평등을 줄이자는 내용뿐만 아니라, 북반구와 남반구가 함께 일자리를 나누고 에너지, 물, 식량, 해양자원 등을 보존하자는 내용까지 폭넓게 담고 있어요. 그리고 이를 위해서는 부자 나라가 가난한 나라를 돕는 차원을 넘어 전 세계 모든 나라가 함께 노력한다고 분명하게 못 박았지요!

유엔 본부의 회의실에 둘러앉은 몇몇 전문가들 손에서 태어난 새천년개발목표와 달리 지속가능발전목표는 전 세계에서 수십만 명이 참여하는 폭넓은 논의를 거쳐 만들어졌어요. 논의 과정에서 널리 쓰인 문구가 '우리가 원하는 미래(The Future We Want)'와 '우리가 원하는 세상(The World We Want)'이었을 정도로 시민들의 열망을 두루 담았다고 할 수 있어요. 역사상 전 세계 시민 사회의 목소리가 이처럼 많이 담긴 문서도 별로 없을 거예요. 이는 목표를 달성할 책임이 몇몇 정부나 유엔의 전문가들이 아닌 전 세계 시민들에게 있음을 뜻하기도 하지요!

유엔 지속가능발전목표의 달성 마감은 2030년까지예요. 바로 여러분이 어른이 되어 살아갈 세상이지요. 2030년에 여러분은 어떤 세상을 살아가고 있을까요? 빈곤과 원조를 넘어 우리 공동의 지속 가능한 미래를 함께 만들어 가자는 오늘의 선언을 멋지게 이룬 세상이면 좋겠어요.

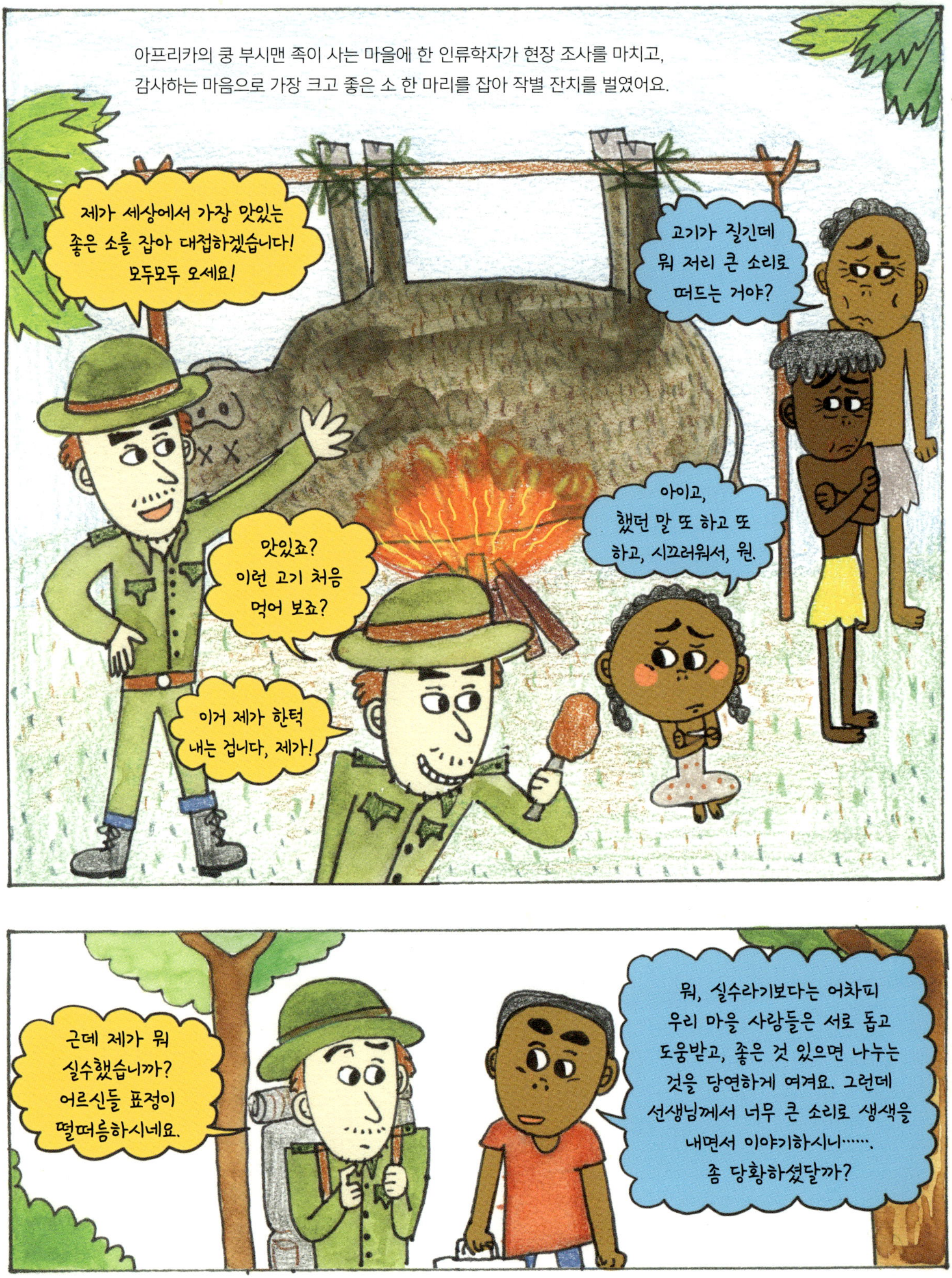

부시맨 마을에서 일어난 일들은 나라 사이에도 일어납니다. 원조를 하는 나라가 지나치게 생색을 내거나, 받는 사람이 필요도 없는 물건을 갖다 주고 도와주었다고 자랑하거나, 때로는 자신들의 경험을 전부라 믿고 원조받는 나라의 사정은 생각하지 않고 가르치려 들기도 하지요.

진정한 도움이란 주는 사람이 주고 싶은 것을 주는 것이 아니라, 받는 사람이 필요로 하는 것을 주는 것입니다. 상황에도 맞지 않은 원조를 하면서 섣불리 생색을 내거나, 우리처럼 해야 그 마을도 발전할 수 있다고 강요하는 일은 원조받는 남반구 사람들도 좋아하지 않아요. 선진국 사람들의 '양심 달래기', '생색 내기용 원조'일 뿐이지요. 그들이 바라는 것은 헌 옷이나 구호 식량, 기부금 같은 것보다 더 많은 '권리'랍니다.

물고기 잡을 권리를 주세요

여러 조사에서 가난한 사람들은 교육받을 권리, 건강한 삶을 살 권리, 조상 대대로 살아온 땅을 빼앗기지 않고 계속 농사를 지을 권리, 자유롭게 이주하며 생계를 꾸릴 권리, 국가의 보호를 받으며 안전하게 살 권리가 필요하다고 답했어요. 가난한 사람들이 보기에 빈곤의 원인은 그들이 게으름을 피우거나 운이 없어서가 아니라, 자신들이 노력한 만큼 정당한 대가를 받고 원하는 방식으로 삶을 살 수 없는 문제 때문이에요. 어떤 사람이 타고난 인종, 민족, 성별, 계급 등에 따라 교육, 의료, 식수, 위생 서비스를 받을 수 없다면, 또 토지와 같은 자산을 가질 수도 없고 안정적인 직업을 구할 수도 없다면 그 사람은 점점 더 가난해질 수밖에 없겠지요.

"가난한 사람에게 물고기를 주면 하루를 먹고살 수 있지만, 물고기 잡는 법을 가르쳐 주면 평생을 먹고산다."는 말이 있어요. 가난한 사람을 도우려는 사람들이 흔히 하는 이야기예요. 이 말은 참 훌륭하지만 충분하지는 않아요. 만약 어떤 사람이 물고기를 잡을 줄 안다고 해도 고기를 잡을 수 있는 권리를 보장받지 못한다면 이는 아무 소용 없는 일이니까요.

한 비정부기구(NGO:Non-Governmental Organization)의 직원이 캄보디아의 작은 마을에 머물고 있었어요. 이 직원은 강가에서 물고기를 잡아 생활하는 가난한 사람들에게 한 번에 더 많은 물고기를 잡을 수 있는 기술을 가르쳐 주려 했어요. 그런데 정작 마을 사람들은 시큰둥한 표정을 지으며 기술을 배우는 일에 별 호응을 보이지 않았지요. 대신 마을 사람들은 이렇게 말했어요.

"우리는 고기 잡는 법을 이미 잘 알고 있어요. 조상 대대로 고기를 잡으며 살아온 사람들이니까요. 우리는 다만 불법으로 나무를 베어 가는 벌목꾼이나 허가 없이 몰래 고기를 잡아 가는 밀어꾼이 강을 좀 내버려 두길 바랍니다. 정부가 원조를 받아 거대한 댐을 짓는 것도 원하지 않아요. 우리의 삶에 피해를 주니까요. 댐을 건설한다고 경찰이 마을 사람들을 강제로 쫓아내거든요. 실은 어떤 자선도 바라지 않아요. 그냥 기본적인 권리가 존중되기를 바랄 뿐이죠."

농사지을 권리를 주세요

그런데 최근에는 이런 일이 아주 큰 규모로 벌어지고 있어 문제예요. 바로 남반구 나라에서 벌어지고 있는 토지 수탈 문제예요. 이는 선진국의 정부와 기업이 가난한 나라의 땅을 헐값에 사거나 빌려서 농사를 지으려 하면서 불거졌어요. 미국과 유럽, 중동 등 원유를 생산해 내는 산유국들, 그리고 최근에는 한국과 일본, 중국까지 이런 흐름에 힘을 보태고 있어요. 이 나라들은 땅과 노동력이 비싼 자기 나라 안에서 식량을 생산하기보다 값싼 곳에서 농사를 지어 배로 실어 들여오고 싶어 해요. 문제는 이들이 가난한 나라의 땅을 헐값에 쓰게 되면서 조상 대대로 그 땅에서 살며 농사를 지어 온 사람들이 땅에 대한 권리를 잃고 쫓겨난다는 것이지요.

 이러한 일이 얼마나 심각한지 한 가지 예를 들어 볼까요? 영국의 빈민 구호 단체인 옥스팜(Oxfam:Oxford Committee for Famine Relief)이 조사한 바에 따르면, 미국의 한 농업 투자 회사가 아프리카 수단에서 18억 평에 이르는 땅을 49년 동안 단돈 3천만 원에 빌려서 문제

가 됐어요. 미국 회사는 그 땅이 서류상 사람이 살지 않는 황무지 같은 땅으로 돼 있으니 헐값에 빌려도 괜찮다고 여겼어요. 그런데 문제는 이 땅에서 실제 9만 명에 가까운 원주민이 조상 대대로 농사를 지으며 살아왔다는 것이지요. 이 사람들은 법적으로 토지 소유를 인정받을 수 있는 권리가 없을 뿐이지 실제로는 땅의 주인이에요.

미국 회사가 이 지역에 들어와 대규모 농장을 개발하기 시작하면 원주민들은 어떻게 될까요? 작게나마 자기 땅을 가지고 살던 사람들은 하루아침에 땅을 잃고 다른 일자리를 찾아 도시로 떠나거나, 대규모 농장에서 낮은 임금을 받으며 하루하루 끼니를 잇는 수밖에 없겠지요. 더 심각한 문제는 이런 일이 수단에서만 일어나는 게 아니라는 거예요. 독일의 한 시사 주간지가 조사한 바에 따르면, 서아프리카 라이베리아에서는 농사를 지을 수 있는 땅의 100퍼센트가, 시에라리온에서는 40퍼센트가 이미 부자 나라의 자본에 넘어갔다고 해요.

이 세상에는 여전히 굶주림과 영양실조에 시달리는 약 10억 명의 사람들이 있어요. 이들 대부분이 이 작은 땅에 의지하며 농사를 짓는 가난한 사람들이거나, 그 땅마저 잃고 도시로 이주해 일용직 노동자가 된 사람들이에요. 이들에게 진짜 필요한 것 또는 이들이 진짜 바라는 것은 무엇일까요? 식량 배급소를 찾아 얻을 수 있는 죽 한 그릇보다 더 근본적이고 중요한 것은 이들이 본래 가지고 있던 생활 터전을 함부로 빼앗거나 망가뜨리지 않는 일이에요. 가난한 농민들에게

전 세계에서 하루 1.9달러 이하로 사는 절대 빈곤층 세계은행, 2015년

는 땅에 대한 권리, 물에 대한 권리, 식량에 대한 권리가 필요해요.

이런 사정들을 보니 가난한 사람들이 가난에서 벗어나기 위해서는 개발 원조나 선진국의 자선 단체가 보내는 구호 물품이 아닌 보다 많은 '권리'가 필요한 까닭을 알겠지요?

11. 기부 물품 보내기가 오히려 피해를 줄 수 있어요

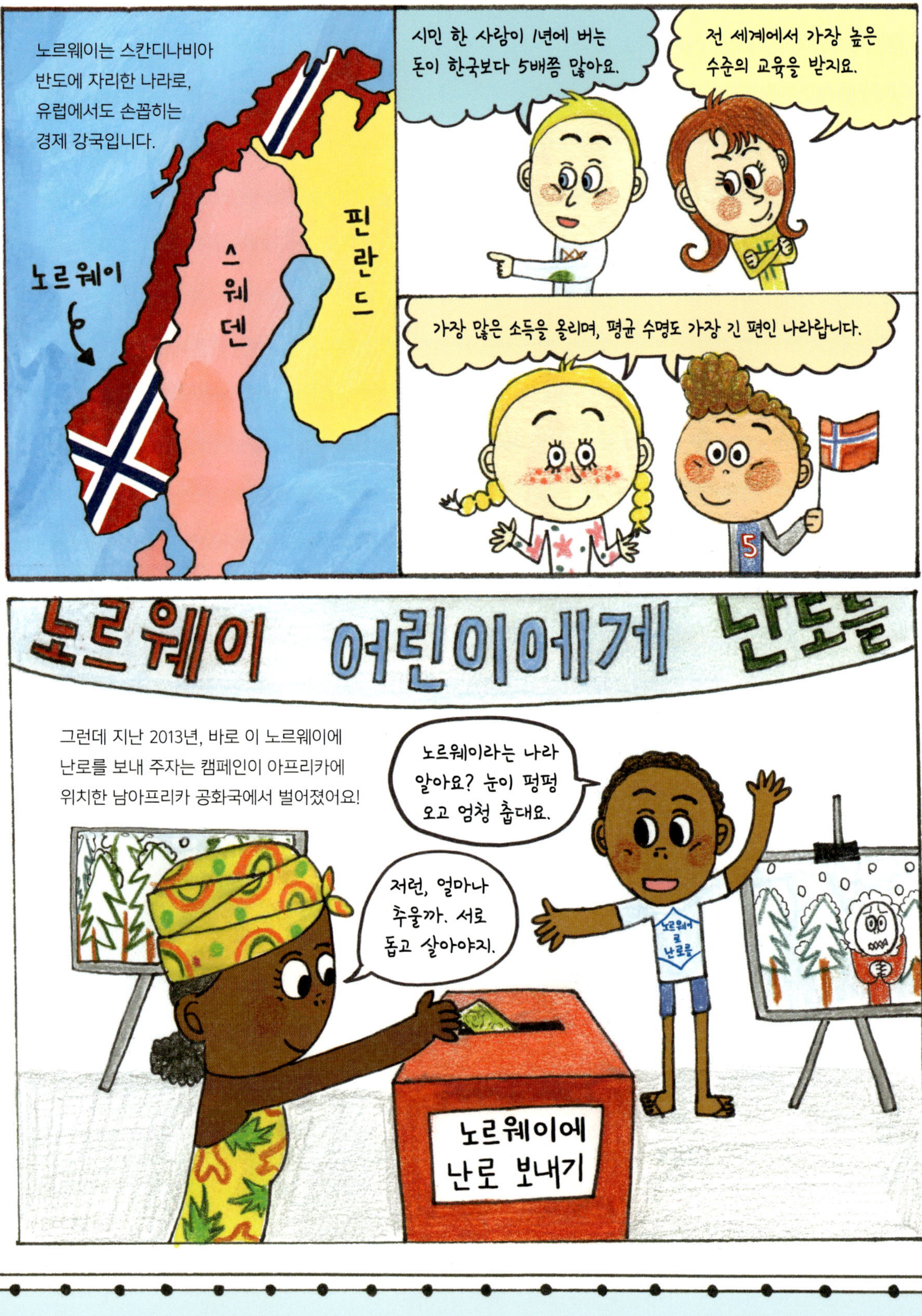

노르웨이는 스칸디나비아 반도에 자리한 나라로, 유럽에서도 손꼽히는 경제 강국입니다.

노르웨이

스웨덴

핀란드

시민 한 사람이 1년에 버는 돈이 한국보다 5배쯤 많아요.

전 세계에서 가장 높은 수준의 교육을 받지요.

가장 많은 소득을 올리며, 평균 수명도 가장 긴 편인 나라랍니다.

노르웨이 어린이에게 난로를

그런데 지난 2013년, 바로 이 노르웨이에 난로를 보내 주자는 캠페인이 아프리카에 위치한 남아프리카 공화국에서 벌어졌어요!

노르웨이라는 나라 알아요? 눈이 펑펑 오고 엄청 춥대요.

저런, 얼마나 추울까. 서로 돕고 살아야지.

노르웨이에 난로 보내기

노르웨이 친구들에게 ♡
이 난로로 올해는 따뜻하게
보내길 바랄게~
《남아프리카 공화국에서》

이것은 가상으로 꾸며 본 이야기입니다. 입장을 바꿔 생각해
보자는 것이지요. 우리는 보통 아프리카 하면 굶주림으로 죽어
가는 아이들, 허름한 집, 더러운 물, 에이즈 같은 질병으로 가득한
모습을 떠올리지만, 사실 그것은 아프리카의 한 모습일 뿐이에요.
아프리카 사람들이 진짜로 원하는 것이 무엇인지도 모른 채 우리
방식대로 그들을 돕는 것은 그다지 도움이 되지 않아요.
어려운 사람들을 도우려는 착한 마음으로 한 일일 뿐,
결과적으로는 아무 도움도 되지 않죠. 게다가 그 사람들에게
피해를 주거나, 하지 않는 게 더 나았을 일이 되기도 한답니다.
도움을 주는 일에도 생각할 게 참 많아요.

무턱대고 도와주는 건 오히려 피해가 돼요

신문이나 텔레비전에서 지구촌 곳곳에 사는 가난한 아이의 모습을 볼 때면 마음이 아프지요? 많은 친구들이 당장이라도 그 아이들이 있는 곳으로 달려가고 싶은 마음을 한 번쯤 가져 봤을 거예요. 먼 길을 달려가 뼈만 앙상하게 남아 누워 있는 아이에게 죽을 먹이고 마실 물도 주고 싶지요. 작아져 버린 옷이나 신발, 쓰지 않는 학용품을 보내 주고도 싶고요. 이는 다른 이의 고통을 함께 느낄 줄 아는 사람이라면 누구나 한 번은 가져 봤을 만한 아주 자연스럽고 소중한 마음이에요.

그런데 좋은 마음으로 하는 일이라고 해서 그 결과가 다 좋은 것만은 아닐 수도 있어요. 무슨 얘기냐고요? 이제 '티셔츠의 여행'을 따라가 봐요.

월드컵 축구 경기 응원 때 입은 붉은 악마 티셔츠 이야기예요. 여러분도 응원 티셔츠를 입고 거리 응원에 나가거나 친구들과 모여 응원한 경험이 있을 거예요. 그런데 월드컵이 끝나면 이 티셔츠는 어떻게 될까요? 서랍장 안에 처박힌 채 잊히거나 쓰레기통에 던져지고 말지요. 2010년에 바로 이렇게 쓸모없어진 응원 티셔츠를 헐벗은 아프리카 아이들에게 보내 주자는 뜻에서 '티셔츠의 기적' 캠페인을 벌였어요. 우리에게 더 이상 필요 없는 물건을 가난한 아이들에게 보내서 아이들의 체온도 보호하고 한국 문화도 알릴 수 있다면 1석 2조라고 생각한 거지요. 이 캠페인은 텔레비전 광고에 나왔을 뿐 아니라 사람들의 호응도 커서 두 달 사이에 25만 장의 티셔츠가 모일 정도로 대단한 성공을 거두었어요.

그런데 문제는 거기서부터 시작됐어요. 25만 장에 이르는 막대한 분량의 티셔츠를 어디에 보내야 할지 찾기 어려웠거든요. 티셔츠를 모은 사람들은 막연하게 '아프리카의 헐벗은 아이들'에게 옷을 전해 주자고 생각했지만 그 나라가 어딘지, 어느 마을에 몇 장의 티셔츠가 필요한지 알지 못했거든요. 그도 그럴 것이 이 캠페인을 시작할 때 누구도 '아프리카의 가난한 사람들에게 과연 티셔츠가 필요한지'를 먼저 묻지 않았어요. 응원 티셔츠에 찍힌 '코리아 파이팅'이란 문구도 문제였어요. 아프리카의 한 마을에 수천 장의 티셔츠가 무상으로 뿌려져 마을 아이들이 모두 '코리아 파이팅'이라고 적힌 옷을 입고 다닌다고 상상해 보세요. 우스꽝스럽지 않을 수 없겠지요.

이처럼 헌 옷과 신발, 책가방 등을 가난한 나라에 무상으로 보내는 데는 꼼꼼하게 미리 짚어 봐야 할 것들이 무척 많아요. 우선 아프리카나 아시아의 가난한 사람들 가운데에는 선진국에서 헌 옷과 신발, 책가방 등을 들여와 시장에서 되파는 일을 하며 생계를 잇는 사람들이 많아요. 그런데 외국 단체가 마을에 들어와 헌 옷을 무상으로 나눠 주면 현지 사람들은 장사가 안 돼서 일자리를 잃겠지요. 이런 우려 때문에 미국 정부의 원조 기관인 미국 국제개발청(USAID:United States Agency for International Development)에서는 가난한 나라에 물건을 보낼 때 주의해야 할 점을 안내하는 책을 펴내기도 했어요. 이 책은 옷이나 신발을 모아 가난한 나라에 보내려는 사람들은 많은데 실제로 이런 물건들은 현지에서 별 쓸모가 없거나 오히려 물건을 받는 지역의 경제와 문화, 환경에 해롭다고 지적하고 있어요. 또 기부 물품을 보내는 데 드는 막대한 운송료를 생각한다면 배보다 배꼽이 더 크기도 해요.

 우리가 더는 입지 않는 티셔츠 한 장을 가난한 나라의 아이들에게 전해 주는 일에도 짚어 봐야 할 것이 참 많지요? 도와주는 사람이 착한 마음으로 하는 일이라도 늘 좋은 결과를 낳는 건 아니라는 사실을 꼭 기억해야 해요. 기부든 도움이든 가장 중요한 것은 주는 사람의 선의와 받는 사람의 필요가 함께 있어야 한다는 점이에요. 우리에게 필요 없는 물건을 가난한 사람에게 제멋대로 떠넘기는 것은 제대로 된 나눔이라 할 수 없어요.

 마지막으로 같이 생각해 볼 것 한 가지! '노르웨이에 난로 보내기' 캠페인부터 자원봉사, '티셔츠의 기적' 캠페인까지 모두 우리에게 똑같은 이야기를 건네고 있어요. 그게 무엇일까요? 바로 도움을 주는 사람과 도움을 받는 사람의 이분법에 대해 다시 생각해 보자는 것이지요. 우리 머릿속에는 경제적으로 부유한 북반구는 언제나 도움을 주는 쪽으로, 가난한 남반구는 늘 도움을 받는 쪽으로 틀에 박혀 있지만, 이제껏 살펴본 것처럼 양쪽의 관계는 그렇게 단순하지만은 않

아요.

 붉은 악마 티셔츠만 해도 좋은 예가 돼요. 부담 없이 사서 축구 경기 응원 때 입다가 싫증 나면 거리낌 없이 버릴 수도 있는 값싼 티셔츠는 사실 가난한 나라의 노동자들이 아주 적은 대가를 받고 열악한 노동 환경을 견뎌 가며 만든 것이에요. 앞서 살펴본 방글라데시 의류 공장 사고와 노동자들의 눈물이 떠오르지요?

결국 중요한 것은 도움을 주는 사람과 도움을 받는 사람으로 관계를 틀 짓기에 앞서 북반구와 남반구, 부자와 가난한 사람이 서로 어떻게 얽혀 있는지를 이해해야 해요. 이는 때때로 우리가 물건을 사고 이용하고 버리는 방식을 다시 돌아봐야 한다는 것을 뜻해요. 노동자에게 정당한 대가가 돌아가는 물건을 구매하는 책임 있는 소비자가 되는 것이, 때로는 먼 나라에 헌 옷을 보내 주는 것보다 더 큰 도움이 될 수 있으니까요.

제대로 알아야 진짜 도움을 줄 수 있어요

'세계의 빈곤을 없앤다.'거나 '가난한 사람들을 돕는다.'고 하면 무슨 생각이 가장 먼저 떠오르나요? 이제까지 여러분은 대개 가난한 나라에 물건이나 돈을 보내서 가난한 사람들의 생활이 좀 더 나아지게 하는 방법을 가장 먼저 생각했을 거예요. 그런데 어떤가요? 이 책에서 살펴본 세계의 빈곤은 보다 큰 구조적인 문제와 밀접하게 엮여 있어요. 그러니 단순히 물건을 보낸다거나 자원봉사 활동만 해서는 가난한 사람들에게 실질적인 도움이 될 수 없어요. 근본적으로 바꾸어야 할 구조적인 문제들도 정말 많았지요? 수많은 사람들이 기부금을 모아도 그 돈은 가난한 나라가 날마다 갚아야 하는 빚 가운데 아주 작은 일부분에 지나지 않아요. 수많은 사람들이 긴급 구호 식량을 보내는 것만으로는 땅을 잃고 삶의 터전에서 쫓겨나는 농민들도 지켜 낼 수 없고요.

혹시 여러분 가운데 이런 이야기에 불만스럽거나 맥이 빠진 친구들은 없나요? 나는 세계의 빈곤을 없애기 위해 무엇이든 더 많이 하고 싶은데, 이 책에서는 지금껏 대부분 '하지 말아야 할 것', '반대해야 할 것', '멈춰야 할 것'에 대해서만 얘기했으니까요.

가난한 나라의 농민을 도우려면 대대로 살아오던 땅에서 이들을 내쫓는 거대한 댐 건설을 멈추어야 합니다. 또한 이미 건설된 댐에서 생산한 전기가 가난한 사람들에게 돌아가지 않고 외국으로 수출되는 것에 반대해야 해요. 이런 행동이 학용품이나 옷, 중고 자전거, 태양광 랜턴 등을 구호품으로 보내는 일보다 더 큰 도움이 될 수 있어요. 그런데 이렇게 목소리를 내는 것은 어쩌면 가난한 사람들을 위해 내가 실제로 무언가를 하고 있다는 생생함을 느낄 수 없는 일이라 기운이 빠질 수도 있어요. 하지만 남반구에서 들려오는 목소리는 대부분 '무엇을 해 달라.'가 아니라 '무엇을 하지 말아 달라.'라는 것을 꼭 기억하고 힘을 냈으면 좋겠어요.

제대로 알고 작은 일부터 시작해요

또 하나, 세계의 빈곤을 줄이기 위해 우리가 할 수 있는 일을 더 힘차게 했으면 좋겠어요. 그런 활동들은 어떻게 찾아야 할까요?

빈곤을 해결하려면 빈곤을 보는 눈을 키워야 해요. 그래야 가짜 해결책과 진짜 해결책을 구분해 내고, 도움이 필요한 사람들이 원하는 방식으로 도움을 줄 수 있으니까요. 이런 눈이 없다면 우리는 계속 가난한 사람들에게서는 물질의 부족만을 보고, 장애인에게서는 장애만을 보고, 길거리의 아이들에게서는 때 묻은 옷차림밖에 보지 못할 테니까요. 가난한 사람들에게 놓여 있는 진짜 문제나 그것을 극복할 수 있는 그 사람들의 힘을 보는 대신에요.

빈곤을 보는 눈을 키우는 좋은 방법은 우리의 일상에서 세계를 보려는 연습을 해 보는 거예요. 슈퍼마켓에서 사는 컵라면 하나, 초콜

릿 하나, 가족과 함께 하는 여행 한 번을 통해서도 빈곤을 이해할 수 있고, 가난한 사람들을 진짜로 도울 수 있어요. 가장 쉽게는 가난한 사람들에게 피해를 주지 않는 물건을 사는 습관을 들이는 거예요. 예를 들어 아동 노동을 동원해 수확한 면화로 만든 옷을 사지 않거나, 가난한 사람들을 땅에서 내몰고 만든 플랜테이션(값싼 노동력을 이용해 농산물을 재배하는 대규모 농장)에서 수확한 기름야자로 만든 팜유를 소비하지 않는 것이지요. 이를 구분하려면 역시 많이 알고 보는 눈이 필요해요.

보다 적극적인 대안 운동에 힘을 보탤 수도 있어요. 공정 무역 운동이 대표적인 예라 할 수 있어요. 공정 무역 운동은 가난한 나라의 생산자들에게 안정되고 정당한 가격을 지불해 그들이 힘을 가질 수 있도록 하고, 이를 통해 불평등한 무역 구조를 좀 더 공평하고 공정하게 바꾸려는 움직임이에요.

커피와 설탕, 그리고 초콜릿의 원료인 카카오는 세계 시장에서 거대 기업들에 의해 값이 아주 낮게 정해진 대표적인 품목이에요. 그래서 농민들은 때때로 생산비도 건지지 못하는 값으로 물품을 팔아야 해요. 이 때문에 농사를 지으면서도 가족의 생계조차 꾸릴 수 없는 상황이 이어지지요. 공정 무역 단체들은 이런 관행을 바꾸기 위해 농민에게 적정한 가격을 보장하고 이들 제품을 선진국의 소비자들에게 소개하는 역할을 해요.

세계적으로 약 70개 나라에서 400개가 넘는 공정 무역 단체들이 활약하고 있어요. 한국에서도 다양한 공정 무역 단체들이 활동하고 있고요. 이들 단체의 제품을 구매하는 일부터 시작해 세계의 불공정한 무역 구조에 대해 알아보고 이에 대처하는 방법도 찾아볼 수 있겠지요. 한 걸음 더 나아가 유명한 커피나 초콜릿 회사에 공정 무역으로 거래되는 원료를 쓰도록 요구하는 이메일이나 편지를 보낼 수도 있어요.

정당하고 올바른 여행을 해요

한편 가족과 함께 하는 여행에서도 빈곤에 대한 이해를 새롭게 해 볼 수 있어요. 아프리카나 아시아를 여행하다 보면 유명한 관광지나 길가에서 구걸을 하는 어린아이들을 많이 만나요. 학교에 가야 할 시간인데도 거리를 서성이며 관광객을 상대로 물건을 사 달라거나 돈을 달라고 조르는 아이들을 만나면 아주 난처하지요. 당장 돈을 주거나 좋은 식당에 데려가 음식을 사 주고 싶은 마음이 들다가도, 그런 행동이 아이들에게 진짜 도움이 될지를 생각하면 곧 자신이 없어지거든요. 오늘 관광객이 주는 돈을 받은 아이들은 내일도 모레도 학교

예지의 공정 여행

- 현지 경제에 도움 되는 소비하기
- 현지인을 공손하고 친절하게 대우하기
- 길거리 어린이에게 무분별하게 돈 주지 않기
- 현지어로 간단한 인사말 배우기
- 동물 학대로 만들어진 쇼는 관람하지 않기
- 멸종 위기종으로 만든 제품 사지 않기

에 가는 대신 거리에 나와 서성이게 될 테니까요. 또 구걸로 모은 돈이 아이들에게 가지도 않으니 더욱 문제이지요. 아이들이 구걸로 모은 돈을 뜯어 가는 범죄 조직도 많거든요. 이런 경우 돈을 주면 결국 범죄 조직을 도와주는 셈이 되지요.

이럴 때는 구걸하는 아이의 가여운 모습만 보는 데에서 눈을 넓혀 아이가 어떤 상황에 놓여 있는지 이해하려는 노력이 필요해요. 가장 먼저는 구걸하는 아이에게 웃으며 인사를 건네고 이름을 물으며 친구가 될 수 있겠지요. 그런 노력을 통해서 상황을 이해하게 되고 진짜 도움을 줄 수 있는 방법도 찾을 수 있을 테니까요.

이처럼 세상의 빈곤을 없애는 일은 일상의 작은 일부터 시작할 수 있어요. 막대한 돈을 들인 커다란 개발 원조 계획보다 수많은 시민들이 관심을 모아 만들어 낸 작은 변화가 결국은 가난한 사람들에게 힘을 주고 빈곤을 없애는 데 더 큰 도움이 되지요. 우리가 매일 먹고 쓰고 입는 것을 바꾸어서, 우리가 낸 세금인 개발 원조 자금이 가난한 사람들을 위해 제대로 쓰이도록 감시하는 활동 등을 통해서 세계의 빈곤에 조금씩 대처할 수 있어요. 이런 방법이 당장 눈에 보이는 결과를 보여 주지는 않는다 해도 일회적인 봉사 활동이나 자선 모금보다 더 지속적이고 근본적인 해결책이 될 거예요.

가장 가난한 사람들이 가장 먼저예요

이제 긴 이야기를 마칠게요. 여러분은 앞으로 이 세상을 살면서 세계의 빈곤 문제와 더 자주 마주치게 될 거예요. 그리고 그 문제는 얼핏 보아서는 원인과 해결책이 아주 복잡해 보일 수 있어요. 한쪽에서는 발전이라고 하는 거대 댐 건설 사업도 다른 한쪽에서는 가난한 사람들을 삶의 터전에서 내쫓는 일이 되는 것처럼요.

이렇게 복잡한 문제를 만날 때마다 자신에게 '나는 누구의 편에 설 것인가?' 하는 질문을 던져 보세요. 그리고 비폭력 저항 운동으로 인도의 독립을 이끈 마하트마 간디가 남긴 "가장 가난한 사람들이 가장 먼저다(The Last, The First)."라는 말을 떠올려 보세요.

진정한 빈곤 퇴치, 진정한 개발은 그 사회에서 가장 가난하고 힘이 약하고 잊히기 쉬운 사람들에게까지 성장의 열매가 제대로 돌아가도록 하는 거예요. 무엇보다 거대 기업이나 선진국의 이익을 위해 가난한 사람들이 정당한 몫을 빼앗기는 일은 없어져야겠지요. 세계의 빈곤을 없애는 가장 빠른 길은 바로 가장 가난하고 가장 약한 사람들에게도 공정한 세상을 만드는 일, 그 자체와 같다는 말을 함께 기억하면 좋겠어요.

■ 참고 문헌

국제앰네스티 한국지부, 『빈곤과 인권-인권 교육 패키지』

던컨 그린 지음, 주성수 옮김, 『빈곤에서 권력으로』, 이매진, 2010년

르몽드 디플로마티크 지음, 최서연·이주영 옮김, 『르몽드 세계사 2』, 휴머니스트, 2010년

스테파노 리베르티 지음, 유강은 옮김, 『땅뺏기』, 레디앙, 2014년

안철수·박경철·도법스님 외 8인 지음, 『누구도 대답하지 않았던 나눔에 관한 열 가지 질문』, 김영사, 2011년

엘렌 달메다 토포르 지음, 이규현·심재중 옮김, 『아프리카: 열일곱 개의 편견』, 한울, 2010년

월드워치연구소 엮음, 오수길 외 옮김, 『희망의 경작』, 도요새, 2012년

월든 벨로 지음, 김기근 옮김, 『그 많던 쌀과 옥수수는 모두 어디로 갔는가』, 더숲, 2010년

윤상욱 지음, 『아프리카에는 아프리카가 없다』, 시공사, 2012년

이케다 가요코 구성, C 더글러스 러미스 영역, 한성례 옮김, 『세계가 만일 100명의 마을이라면』, 국일미디어, 2006년

장 지글러 지음, 양영란 옮김, 『굶주리는 세계, 어떻게 구할 것인가?』, 갈라파고스, 2012년

제니퍼 클랩 지음, 『Hunger in the Balance』, 코넬 대학 출판부, 2012년

제니퍼 클랩 지음, 정서진 옮김, 『식량의 제국』, 이상북스, 2013년

존 아일리프 지음, 이한규·강인황 옮김, 『아프리카의 역사』, 이산, 2002년

코너 우드먼 지음, 홍선영 옮김, 『나는 세계 일주로 자본주의를 만났다』, 갤리온, 2012년

헬레나 노르베리 호지 지음, 양희승 옮김, 『오래된 미래』, 중앙books, 2015년

■ 참고 보고서

FAO(유엔식량농업기구), Food production index, 1993~2013년

FAO(유엔식량농업기구), The State of Food Insecurity in the Wolrd, 2011년

UN(유엔), UN Transforming our wolrd: the 2030 Agenda for Sustainable Development, 2015년

UNCTAD(유엔무역개발회의), The Last Developed Countries Report, 2011년

UNDP(유엔개발계획), The Millennium Development Goals Report, 2015년

UNICEF(유니세프), Ending Child Marriage: Progress and prospects, New York, 2014년

UNICEF(유니세프), Every Child's Birth Right: Inequities and trends in birth registration, 2013년

■ 참고 기사

「美 아동 5명 중 1명 빈곤 상태, 이래도 '선진 경제?'」, 프레시안

「아이티, 빈곤을 덮친 재앙」, 한겨레신문

「유통업자는 9290원 받는데 만든 사람 손에는 130원뿐」, 조선일보

■ 참고 사이트

Radi-Aid, 노르웨이 난로 보내기 캠페인, www.rustyradiator.com

 **세계의 빈곤,** 게을러서 가난한 게 아니야!

2016년 3월 30일 1판 1쇄
2022년 11월 30일 1판 9쇄

글쓴이 김현주 │ **그린이** 권송이

기획·편집 최일주, 이혜정 │ **교정** 최옥미 │ **디자인** 민트플라츠 송지연 │ **제작** 박흥기
마케팅 이병규, 이민정, 최다은 │ **홍보** 조민희, 강효원 │ **인쇄** 코리아피엔피 │ **제책** J&D바인텍

펴낸이 강맑실 │ **펴낸곳** (주)사계절출판사 │ **등록** 제406-2003-034호 │ **주소** (우)10881 경기도 파주시 회동길 252
전화 031)955-8588, 8558 │ **전송** 마케팅부 031)955-8595, 편집부 031)955-8596 │ **홈페이지** www.sakyejul.net
전자우편 skj@sakyejul.com │ **인스타그램** instagram.com/sakyejulkid │ **블로그** blog.naver.com/skjmail
페이스북 facebook.com/sakyejulkid

ⓒ 김현주·권송이 2016

값은 뒤표지에 적혀 있습니다. 잘못 만든 책은 구입하신 서점에서 바꾸어 드립니다.
사계절출판사는 성장의 의미를 생각합니다. 사계절출판사는 독자 여러분의 의견에 늘 귀 기울이고 있습니다.
이 책은 저작권법에 따라 보호받는 저작물이므로 무단 전재와 복제를 금합니다.

978-89-5828-962-3 73300
978-89-5828-770-4 (세트)